MARÍA, LA INNOVADORA

La innovación aplicada a la empresa

ExLibric

JESÚS MARÍA LÓPEZ-DAVALILLO Y LÓPEZ DE TORRE

MARÍA, LA INNOVADORA

La innovación aplicada a la empresa

EXLIBRIC

ANTEQUERA 2021

JESÚS MARÍA LÓPEZ-DAVALILLO Y LÓPEZ DE TORRE

MARÍA, LA INNOVADORA

La innovación aplicada a la empresa

Índice

Introducción

Queremos poner este manual a disposición de visionarios, para aquellos que cambian el juego y a los que desafían los modelos de negocio que se están quedando obsoletos y, por supuesto, a todos aquellos que diseñan las empresas del mañana.

De la mano de María, vamos a transmitirles, a lo largo de estas páginas, el conocimiento y la dilatada experiencia internacional de nuestro equipo, que ha colaborado activamente en la consolidación de empresas de alto rendimiento, redactándolo con espíritu divulgativo, sin ningún sesgo de interés de ningún orden.

Estamos dejando atrás un mundo para crear otro con actitud posibilista, centrado en la solución a los problemas que se suscitan en la sociedad actual, que la pandemia del COVID-19 ha acelerado de manera muy importante, por lo que todas las empresas se han puesto a innovar, unas con mejor preparación que otras, pero todas con el fin de mantenerse en el mercado, si es posible más fortalecidas, tras la recesión y aprovechar la ola de crecimiento, cuando se produzca.

La innovación ha marcado, y lo sigue haciendo, la evolución humana y de las empresas, y vuelve a ser en estos momentos una prioridad estratégica, ya que a partir de ahora el crecimiento de las empresas, en general, no se va a dar en los productos y organizaciones actuales, así que debemos buscar nuevas fuentes de rentabilidad y, para ello, es imprescindible poner énfasis en la innovación, acelerando los procesos, desde la aparición de la idea hasta la implementación de la misma.

En tiempos de incertidumbre en los que estamos empresarios y directivos, nos vemos obligados a buscar las mejores ideas, no solo de nuestros colaboradores y empleados, sino de proveedores, clientes, distribuidores, etc., facilitando esta recogida de ideas mediante una cultura de la innovación, que tenemos que implantar en toda la organización, creando un clima propicio para integrar a todos ellos en un grupo dinámico en el que se perciba que la innovación es el eje de nuestra empresa.

Estados Unidos sigue siendo el país que más ideas innovadoras aporta tradicionalmente al mercado, si bien actualmente, debido a la globalización y la mejora sustancial de las comunicaciones y el transporte, ha hecho mucho más fácil la entrada de una cantidad importante de empresas al comercio global, y que pueden ubicarse geográficamente en cualquier país que se ajuste mejor a sus expectativas e intereses.

Las empresas necesitan innovar si pretenden conseguir una ventaja competitiva con respecto a su competencia en el irreversible mercado global, adaptando nuevas tecnologías y herramientas que están transformando nuestra organización y la forma de comunicarnos con nuestros consumidores.

Y no basta con tener buenas ideas, sino llevarlas a la práctica, innovando o adaptando una idea antigua a los nuevos tiempos y, para ello, nada mejor que analizar las empresas de la competencia, dónde y en qué segmentos y mercados operan, para introducirnos en nuestro mercado local en primer lugar, y pasar posteriormente al mercado global, con un producto o servicio que realmente coincida con el demandado por los clientes potenciales, lo que nos va a permitir descubrir los segmentos de mercado donde existen oportunidades de negocios, por no estar cubiertos en este momento.

La economía mundial en estos dos decenios del tercer milenio se ha caracterizado por las turbulencias y la incertidumbre; por todas partes están apareciendo nuevos competidores y nuevas tecnologías, incluso creando sectores nuevos, llevando a la obsolescencia a muchos productos y empresas, además de eliminar fronteras y barreras de todo tipo. Todo ello nos obliga a aprender a gestionar la incertidumbre con eficiencia.

Las escuelas de negocios tenemos en estos momentos una función muy importante en la formación de líderes que gestionen con eficacia esta innovación, porque se precisan personas creativas y con iniciativa, actitudes necesarias para cualquier directivo o empresario.

Cualquiera puede tener una buena idea, pero lo que distingue al líder es tener la iniciativa y la capacidad de poder sacarla adelante para dar respuesta a las necesidades de los clientes valorando todas las opciones disponibles, motivando, fomentando y promoviendo la innovación en un contexto de «cultura innovadora».

Y todo ello debemos hacerlo en base a una prioritaria responsabilidad social y, si es posible, conjuntamente con otras empresas, instituciones y organismos públicos y privados, sin por ello perder de vista nuestra obligación de obtener buenos resultados finales, teniendo presente que no solo debemos dar por resuelta la solución a los deseos actuales del cliente, sino tender a conseguir perspectiva de escalabilidad, que nos permita resolver más fácilmente los problemas a medida que vayan surgiendo.

No vamos a entrar en este libro en las funciones de la Administración Pública, aunque influyen, y mucho, en la actividad empresarial; tan solo nos gustaría que los diversos gobiernos allanaran el camino para que la innovación pueda llegar a nuestros sectores y, si fuera posible, fomentarla en el tejido empresarial de su país.

Están surgiendo nuevos emprendedores que pretenden revolucionar la manera de hacer negocios innovando no solo en productos y servicios, sino en la aplicación de las nuevas tecnologías en los procesos de producción, apertura de nuevos mercados y, principalmente, en nuevos estilos de organización empresarial y de sus modelos de negocio.

Estos emprendedores e intraemprendedores están localizando nuevas fuentes de abastecimiento, encontrando proveedores en ámbitos antes no buscados, y creando organizaciones que optimizan los costes y la calidad para mantener los márgenes de beneficio en sus procesos productivos a fin de garantizar la subsistencia de las empresas e intentar su crecimiento.

No nos engañemos, es mucho más frecuente el fracaso de los emprendedores que aquellos que tienen éxito, que es de los que comentamos siempre, pero tenemos que aprender a convivir con el error y convertir estos en nuestras mejores enseñanzas. Así lo hacen los auténticos emprendedores y por eso continúan apareciendo nuevos productos y servicios innovadores todos los días que podemos ver en internet y las redes sociales.

Tampoco olvidemos que la innovación lleva aparejado un riesgo, pero que bien contralado y resuelto es rentable, si conseguimos ese producto o servicio que nos proponemos, con el que podremos impactar en el mercado y generar beneficios para nuestra empresa.

La sociedad está en permanente evolución y nuestra obligación, si pretendemos tener éxito, es anticiparnos a los posibles cambios y sus impactos que se nos van a presentar a corto y medio plazo, sabiendo identificar las oportunidades de negocio y aprovecharlas en nuestro favor.

Hay aspectos en los que se incide mucho y que son muy importantes, como es el caso de la digitalización en todas las áreas de la empresa apoyada en los retos de la robotización y la inteligencia artificial, en los sistemas organizativos de las empresas, además de procesos comerciales automatizados para poder hacer llegar al cliente nuestra propuesta de valor.

Tenemos que tener presentes también otras cuestiones menos divulgadas, pero no por eso menos importantes, como es la innovación en la cadena de suministros que permite reestructurar la distribución para conseguir que sea más ágil, menos costosa y de mayor calidad, con el fin último de siempre que es conseguir un consumidor satisfecho y fidelizado.

Pero teniendo siempre en cuenta que la tecnología debe ser un facilitador de nuestra gestión, nunca un controlador de logros y resultados.

Por ello, debemos estar orientados a aportar soluciones a los problemas y cuestiones que la sociedad necesita. Podremos desarrollar nuevos modelos de negocio construyendo en nuestras empresas una verdadera cultura de la innovación continua, de manera que cada día busquemos nuevos escenarios y caminos para mejorar y prosperar en este mercado global, tanto nuestras empresas como nosotros como profesionales.

I. Innovar, una estrategia empresarial imprescindible

En estos momentos, innovar no es una opción, sino un requisito *sine qua non* para la supervivencia de las empresas, por lo que se hace imprescindible encontrar e incrementar nuestro potencial de innovación.

La innovación supone introducir cambios, aplicar nuevas ideas y, sobre todo, la transición de las ideas a la realidad del producto, servicio o procesos, mejorando los actuales o creando otros completamente nuevos y posicionarlos en el mercado.

En realidad se trata de localizar las mejores ideas, propias o ajenas aportadas por nuestros colaboradores, en las que nadie había pensado anteriormente o, que si lo habían hecho, no las han llevado a la práctica. Por eso estas nuevas ideas se implementan más fácilmente entre aquellos que tienen conocimiento de los mercados: clientes, proveedores y producción, que les permite hacer realidad la innovación requerida para el producto.

No pensemos que la innovación se refiere solo a los productos y servicios, sino, y de manera muy importante, a los procesos, es decir, a hacer las cosas de manera diferente, y esto debe afectar a todas las áreas de la empresa.

Pero, en realidad, la mayoría de las empresas sigue haciendo lo mismo de siempre porque, como es habitual oír, si esto funciona, por qué vamos a cambiarlo, llegando si se sigue esa línea a la obsolescencia y salida del mercado cuando surgen turbulencias, se incrementa la competencia y/o se modifica la demanda.

Empresarios y directivos tenemos la obligación de mejorar la competitividad y crear ventajas competitivas. Por ello, en los momentos actuales o se innova, o nos quedamos rezagados, de forma que debemos crear en nuestras empresas una auténtica cultura de la innovación.

Si logramos reinventarnos antes que los demás, habremos alcanzado ese diferencial de éxito que pretendemos, mejorando la manera en que hacíamos las cosas y manteniendo el espíritu de evolución permanente.

Lo importante de crear una cultura de la innovación en nuestro entorno es atraer a todos los miembros de la empresa y colaboradores a participar en el proceso de creación de ideas, sugerencias e incluso quejas para su posterior tratamiento, y fomentar con ello su interés en colaborar con la dirección en detectar oportunidades de mercado.

Esta cultura precisa de líderes diferentes, que estén cómodos en unas estructuras más lineales, e inconformistas permanentes hasta dar satisfacción a los clientes en sus demandas de modificaciones de productos o servicios, e incluso crearles la necesidad de unos nuevos o radicalmente transformados, manteniendo en todo momento el espíritu ganador que comparten con todo el equipo.

Estos líderes no deben tener miedo al fracaso y deben ser conscientes de que de los errores se aprende y lo mismo deben transmitir a su equipo. De esa manera, crearán y mantendrán el capital intelectual y retendrán a los colaboradores más valiosos.

Para ello, deben gestionar con flexibilidad y no solo adaptándose a los cambios, sino provocándolos, porque si las circunstancias económico-sociales y políticas están cambiando y seguimos haciendo lo mismo, el resultado más normal es abocar a la empresa a su desaparición.

De hecho, la innovación, en los últimos años, se ha convertido en el verdadero motor impulsor de la empresa para su transformación y crecimiento, que posibilita el incremento de márgenes de beneficio, diversifica productos, servicios y procesos, genera diferenciación, fideliza los consumidores, etc., con lo que se asegura una clara ventaja competitiva.

Estas características citadas nos llevan a la conclusión de que la innovación, bien entendida, nos conduce al éxito, generando para la empresa un valor añadido que debe mantenerse con constancia en la innovación.

Con la innovación, las personas, es decir, la sociedad en general y las empresas deben interactuar en este nuevo escenario dinámico, competitivo y de irrevocable internacionalización, y nuestra vocación debe ser mantenernos en la vanguardia para satisfacer las necesidades demandadas por los mercados.

A veces nos encontramos con empresarios que manifiestan su interés en la innovación, pero que creen que esto solo lo pueden hacer las grandes corporaciones que disponen de muchos recursos, pero no es del todo así, ya que la pyme puede y debe innovar, aunque sea en procesos fácilmente detectables pero que mejoren sustancialmente sus resultados, como puede ser en la diversificación de canales de distribución —indudablemente incorporando internet y redes sociales—; modificación en el contexto de los proveedores; comunicación con el cliente; sistemas de producción o *outsourcing* y mejoras en el producto o servicio; buscando nuevas aplicaciones; modificación de envases, etc.

Habitualmente, en nuestras empresas nos encontramos que trabajamos por debajo del potencial innovador de nuestra estructura, por lo que precisamos establecer el ambiente adecuado para incrementarlo y aceptar que esa actividad conlleva necesariamente errores, que debemos prever y establecer sus límites, sin por ello caer en un exceso de control.

Tenemos que salir de nuestra zona de confort y conocer qué es lo que hace la competencia no para copiar, sino para constatar las ideas que circulan y mejorarlas, o productos y servicios que se comercializan en otros países y que para nuestro entorno de actividad pueden ser todavía novedosos.

La innovación está íntimamente relacionada con la tecnología, ya que su uso nos va a poder diferenciar tanto en los productos o servicios como su forma de producción y la estructura de costes, por lo que debemos utilizar la tecnología como herramienta de gestión y estar permanentemente atentos a los cambios tecnológicos, de manera que nos distinga de la competencia, gestionando la incertidumbre con ventaja.

Los gurús insisten en que la innovación no es una moda, sino un concepto que tenemos que aplicar a nuestra práctica profesional a fin de lograr dar a nuestro producto un valor añadido, aplicándolo a todas y cada una de las áreas de la empresa.

Si conseguimos una buena cultura de innovación en la empresa, estaremos apostando por el éxito de la misma, obteniendo mejor productividad, productos competitivos y, en definitiva, mejorando nuestros márgenes de beneficio para nuestros accionistas.

Estos líderes que aplican la innovación en la empresa logran estar en vanguardia de las técnicas de gestión, aplicando la innovación tanto en el aspecto personal como profesional, y afrontan los problemas con carácter e ingenio. Destaca en todos ellos que están en permanente actividad innovadora, que saben cuándo inician un emprendimiento, pero no dónde termina.

Otra de sus características suele ser la búsqueda de la excelencia, localizando necesidades —o creándolas— y desarrollando conceptos innovadores, aplicando procesos, modificando estructuras para que fluya mejor la creatividad, y creando equipo para que de forma estructurada logren desarrollar e implementar programas complejos que hagan posible la innovación.

A estos líderes van dedicadas las páginas siguientes, junto con nuestro agradecimiento por su fundamental aportación a la sociedad.

2. La sociedad del conocimiento y las TIC

Desde finales del siglo XX, y más concretamente en la década de los 90, se empezaron a producir profundos cambios que transformaron aspectos fundamentales de nuestro entorno social y económico, principalmente en lo que se refiere al uso de las tecnologías de la información y comunicación (TIC).

En consecuencia, ese hecho supuso una ruptura con la situación anterior; podríamos calificarlo como una auténtica revolución, puesto que se produjeron importantes transformaciones en el comportamiento de los diferentes agentes económicos y sociales.

Todo ello conforma lo que denominamos «sociedad del conocimiento», ya que es precisamente este uno de los aspectos más relevantes en la expansión de la economía, motivando su desarrollo, y el uso del conocimiento como intangible se ha constituido en un verdadero, importante e imprescindible agente económico.

Por ello, los tradicionales factores generadores del crecimiento económico constituidos por el capital y el trabajo los apreciamos ahora con una nueva óptica, ya que tenemos que añadir el conocimiento como tercer *input* básico en la actividad de la empresa.

Y es que la aplicación de las TIC ha posibilitado un cambio de paradigma tecno-económico en el entorno de la economía del conocimiento, como un recurso productivo determinante en los avances que se están produciendo que generan evidentes avances de productividad y, consecuentemente, de crecimiento económico.

Este factor de conocimiento como nuevo esquema de producción debe ser un intangible interiorizado por todos los agentes productivos y utilizado de forma intensiva en la organización y, al mismo tiempo, que se consolide como un elemento estratégico capaz de generar una permanente secuencia de ventajas competitivas.

Estos cambios, generalmente, no son voluntarios, sino que las empresas se ven obligadas a ellos por razones de competitividad.

Podríamos señalar algunas de las circunstancias que motivan estos cambios:

El proceso de globalización de la economía, que nos ha obligado a aceptar cambios tanto en aspectos macroeconómicos (interpaíses) y microeconómicos (las relaciones interempresas y de las modificaciones sustanciales de los consumidores).

Derivado de lo anterior, tenemos que destacar también el importante cambio de los patrones de consumo motivado por el crecimiento generalizado de un nuevo capitalismo desarrollado, principalmente, en grandes zonas geográficas y/o países, que lograron un notable aumento de la renta disponible. Lo que, a su vez, induce a un cambio sustancial de los comportamientos de consumo, así como a un considerable incremento del gasto en bienes y servicios, la mayoría de ellos intensivos en conocimiento.

Y todo ello nos ha conducido a una sociedad que aglutina individuos cada vez más exigentes e informados, que demandan productos con cada vez más calidad, diferenciación, personalización de su producto o servicio, y que les aporten un mayor valor añadido.

Y, como resultado de estas circunstancias, se generan permanentemente nuevos procesos de innovación con un uso masivo o intensivo de las tecnologías de la información y la comunicación en la actividad económica que llevan a cabo los diferentes agentes, facilitando el desarrollo de numerosas actividades con considerables ahorros de costes y tiempos.

De hecho, las economías modernas están caracterizadas por la implantación y aplicación de las TIC en el conjunto de todas sus actividades productivas tanto en producción como en distribución y consumo.

Inicialmente destacaron, y lo siguen haciendo, la industria del automóvil o las empresas químicas y biomédicas que fueron pioneras en el uso intensivo de las TIC, y ahora también vemos importantes aplicaciones en los servicios financieros y turísticos, en los que podemos apreciar su utilización, principalmente, en el desarrollo de nuevos sistemas de distribución y consumo.

Para ello, tenemos que entender las TIC como un conjunto de aplicaciones de microelectrónica, informática, telecomunicaciones, etc., es decir, herramientas de gestión que nos faciliten agilizar los procesos a un menor coste, así como desarrollar actividades empresariales asociadas a la producción, *marketing* y distribución.

De hecho, la aparición de nuevas actividades productivas derivadas del uso de estas TIC ha supuesto la aparición de un nuevo sector: la industria de la información.

Desde una perspectiva empresarial, las TIC se consideran un elemento estratégico que nos permite, de una forma sencilla y económica, el acceso a gran cantidad de información, así como su almacenamiento, tratamiento y difusión, generando consecuentemente un conocimiento para la empresa al tiempo que le permite una nueva y más segura toma de decisiones de carácter estratégico, precisamente sobre la base de ese conocimiento.

El acceso a los flujos de información ha conseguido eliminar muchas barreras de entrada, lo que ha permitido el acceso y difusión de estos conocimientos empresariales, incluso a las pymes, necesarios para la economía basada en la captación de mercado.

Este uso intensivo de las tecnologías de la información supone, para las empresas de cualquier tamaño, una importante fortaleza que les permite poder dar respuesta a los nuevos desafíos que se planteen, convirtiéndolos en oportunidades.

Para ello, necesitamos que la empresa considere las TIC como un factor estratégico y transversal en toda la organización para poder dar respuestas rápidas y adecuadas a las situaciones que se vayan generando.

Esto nos exige dotar de una importante flexibilidad en la estructura empresarial, que no siempre es fácil por el cambio que debemos impulsar tanto en la organización como el desarrollo de las estructuras organizativas, que nos conduce a un nuevo modelo estratégico basado en la generación y uso de la información y el conocimiento.

Por supuesto que esto no se puede hacer de inmediato en muchas empresas, pero sí, poco a poco, las compañías se van haciendo más flexibles, permitiendo descentralizaciones y especializándose cada día más en la generación y gestión del tipo de conocimiento que mejor convenga a la empresa y sus actividades, conformando todo ello el *Core Business* de la compañía, que no deberá delegar.

Las TIC han supuesto, también, una gran aportación para la creación de redes empresariales, uniendo actividades de varias empresas que se agrupan de manera que, con sus aportaciones individuales, consiguen conjuntamente un valor añadido global que es mayor que el sumatorio de cada una de ellas, conformando entre todas una red de colaboración que será la base de una estrategia global competitiva.

No cabe duda de que internet favorece de una manera extraordinaria la interacción entre las empresas y su entorno, al tiempo que estimula la búsqueda de información y desarrollo de nuevos y alternativos caminos, pudiéndolo realizar incluso con escasos recursos, además de participar en distintas redes sociales.

Estas interacciones tienen como objetivo conseguir una vinculación lo más estrecha posible entre la empresa y su entorno, al tiempo de conseguir que su organización obtenga resultados competitivos.

Además, nos va a permitir prever y anticiparnos a los cambios que con seguridad se producen, para lo que necesitamos conocer los movimientos de todos y cada uno de los agentes empresariales, así como los comportamientos de la competencia ante esos cambios del mercado, para lo que precisamos cuanta más información (conocimiento) mejor sobre el consumidor, sus necesidades, gustos y preferencias.

Con ese conocimiento seremos capaces de disponer de una oferta de producto o servicio que dé respuesta efectiva a las nuevas necesidades del mercado, satisfaciendo así al cliente de mejor manera que la competencia.

De esta manera, conseguiremos crear un modelo estratégico de negocio con el que conseguiremos un profundo conocimiento del entorno y podremos ofrecer unos productos y/o servicios altamente innovadores y adaptados a las nuevas necesidades y gustos de los clientes, ofreciendo un mayor y más duradero valor que la competencia.

Precisamente, una de las mayores aportaciones de las TIC a la actividad empresarial es la posibilidad de desarrollar nuevos productos con más o menos innovación, desde la innovación radical o incremental hasta, simplemente, una innovación comercial.

Una de estas aplicaciones de las TIC es precisamente el negocio electrónico, que se fundamenta en un nuevo modelo estratégico que adopta una modificada estructura organizacional que utilizan como canal de distribución, fundamentalmente, las redes sociales.

Estas empresas se caracterizan por tener una elevada presencia en el entorno virtual para desarrollar su negocio electrónico, pero no olvidemos que es, simplemente, una aplicación más de las TIC en el ámbito empresarial que, si bien fue relevante y novedosa, no fue la única que ha determinado su carácter revolucionario.

El objetivo de todos estos cambios no es otro que potenciar la relación de la empresa con la orientación debida a su mercado, mediante una cultura empresarial diferente, basada en la nueva organización empresarial y la innovación en productos o servicios derivada de esta orientación, no limitándonos a unas pocas de las posibles aplicaciones.

3. Un ministerio para la empresa

Después de cerrar la puerta, tras la última reunión, María se levanta y apoya la frente en el gran ventanal de su despacho desde el que se divisa el clásico paisaje urbano de rascacielos, pequeñas zonas ajardinadas, varios viales llenos de automóviles, mirándolos sin prestar ninguna atención. Siente cierta frustración sobre el trabajo que desempeña en el Ministerio de la Empresa, al que accedió tras una dura oposición.

Empezó a trabajar en la Dirección General de I+D+I, y tras unos años de trabajo con buenos resultados, fue ascendida a la jefatura de la División de Innovación, cargo al que dedicó muchas horas y mucha ilusión, con el objetivo de transformar el sistema productivo del país, conseguir del tejido empresarial una mejor actitud hacia la innovación y prepararles ante el reto, cada día más importante, que supone competir en un mercado globalizado.

Organizó una serie de documentación divulgativa y técnica sobre la materia, mantuvo cientos de reuniones con asociaciones empresariales, grandes y medianos empresarios y, sobre todo, con pequeños empresarios y autónomos que, a la postre, son los que conforman una gran masa de trabajadores con la ventaja de la flexibilidad que pueden imprimir a su trabajo, si se les convence de que con las mejoras en innovación harán crecer su volumen de negocio.

Pero tras mucho esfuerzo, no había conseguido que cuantitativamente se apreciara mejora alguna, al .menos aparente, que supusiera aliciente suficiente para seguir con su ingente tarea.

Ni siquiera en las empresas proveedoras del propio Ministerio se apreciaba interés alguno por la innovación, y eso se podía apreciar incluso en los catálogos y ofertas que hacían, que en casi nada se diferenciaban de los que enviaban hace años.

Convencida de la necesidad de la innovación para hacer competitivas las empresas del país, decidió hacer un nuevo intento para cumplir ese objetivo, por lo que decidió enviar al secretario de Estado un informe conteniendo la propuesta de modificación de la estructura de personal del Ministerio para involucrarles más en el asesoramiento a las empresas directamente en sus centros de trabajo.

Transcurrieron muchos días de monótono trabajo hasta que sonó el teléfono de su despacho con la soñada llamada del secretario de Estado:

—María, he estado analizando tu informe y creo que, aunque es algo heterodoxo lo que planteas, tal vez sería interesante hacer una prueba. Ven, por favor, a mi despacho.

No podía disimular su nerviosismo, por lo que intentó tranquilizarse, respirando profundamente. Fue al servicio a retocarse un poco el aspecto y se dirigió a la última planta del edificio, donde tenía el despacho el secretario de Estado.

Le anunció la secretaria, y, poco después, se levantó y le abrió la puerta del despacho.

—Pasa, María, y siéntate.

Estaba sentado en el sofá del despacho, y en la mesa de centro había una copia de su informe y varias revistas. En la mesa del despacho se apreciaban pilas de papeles y carpetas (María pensó en la campaña que habían iniciado, ya hace años, de la oficina sin papeles y el gasto importante en la digitalización de la documentación de todos los departamentos, pero no era el momento de decir nada al respecto).

—He leído varias veces tu informe y, como supondrás, no puedo cambiar la estructura de tu división ni modificar mucho los recursos de personal que tienes asignado y, aunque posiblemente algunos estarían dispuestos a modificar su sistema de trabajo, la mayoría de los funcionarios no aceptarán de buen grado el cambio.

—Tiene razón, pero si conseguimos ir avanzando en nuestra aproximación real a los empresarios viviendo conjuntamente con ellos sus problemas, podremos ajustar mucho más las subvenciones que se otorgan, rentabilizaríamos más las inversiones en este capítulo y constataríamos la realidad de las empresas en su día a día, y, con ello, conseguiríamos que mi división consiguiera los objetivos que se propusieron en su creación.

—Sí, seguramente, pero es un cambio radical, por lo que he pensado que podríamos hacer un primer intento que nos sirva de test para, a la vista de los resultados, solicitar, bien crear una división diferenciada, o modificar la estructura actual.

—Me parece bien. Entonces, ¿ha pensado Ud. en una forma de resolverlo?

—Sí. Como tu entusiasmo con la idea se percibe claramente en el informe que me has pasado, te propongo que seas, precisamente tú, la persona que, como consultora, haga esa función de manera inicial.

—Me parece muy bien y estoy totalmente dispuesta a ello.

—Agradezco tu disposición, si bien te quiero pedir que sea un trabajo suplementario al que tienes, ya que de forma virtual tendrás que seguir dirigiendo tu división.

—No me importa, estoy dispuesta a compaginar los dos cargos, con la seguridad de que no se perjudicará el sistema de trabajo actual y conseguiremos una experiencia que estoy segura será de mucho interés para el Ministerio y para las empresas.

—Estaba seguro de que aceptarías, por lo que he pensado que podrías empezar con las pequeñas empresas del polígono El Recreo, donde precisamente hay varias de las empresas que suministran sus productos al Ministerio.

—¿Cuándo empiezo?

—Tómate el tiempo que precises para organizar el funcionamiento de tu división y hacer los cambios que estimes necesarios, y en cuanto puedas empiezas.

—En quince días hago la organización y modifico los procedimientos en cuanto sea necesario, y me podría incorporar a las empresas del polígono el día primero del próximo mes.

—Perfecto, pues hablaré con el alcalde de la localidad para que te facilite cuanto precises y dispongas de todo lo necesario para tu trabajo.

—Muchas gracias.

—Espero que me puedas enviar, semanal y directamente a mí, los avances que vayas obteniendo, y confío en que haya sido una buena decisión y obtengamos resultados importantes para ir cambiando la percepción de los empresarios hacia la innovación.

—Por supuesto.

Salió del despacho verdaderamente eufórica, pensando que era la oportunidad de demostrar que, efectivamente, se puede conseguir concienciar y apoyar la modernización de las empresas con el apoyo técnico del Ministerio y, conociendo mejor sus necesidades, optimizar la rentabilidad de las subvenciones que muchas veces se otorgan sin un conocimiento específico de la realidad.

Le surgían miles de ideas de cómo organizar la división y preparar adecuadamente su trabajo como «súper consultora» de unas pequeñas empresas de un polígono industrial de un pueblo.

No le resultaba muy difícil ni desconocido el tema, ya que su padre fue precisamente un emprendedor que todavía dirigía la empresa que había creado, lo que le permitió a María conocer muy de cerca la problemática personal y profesional de este tipo de empresas, donde los problemas, sufrimientos y alegrías se comparten por todos los miembros.

En ese estado de ánimo no podía volver a su oficina, por lo que decidió salir a la calle a que le diera un poco el aire para tranquilizar su ánimo y digerir la nueva e ilusionante situación.

Paseó tranquilamente por las calles siempre llenas de gente, cada una con sus problemas a resolver para solucionar sus vidas, o dejándose llevar, unas con mucha prisa y otros de manera más calmada.

Vio una terraza con una sombra muy agradable para la primavera que había empezado hace poco, tal vez un poco más calurosa que de costumbre.

Se tomó tranquilamente un vermut con una tapa de aceitunas mirando el paso incesante de personas de todo tipo, pero no como otras veces en que al ver cada persona se imaginaba una película sobre su vida, su trabajo, si sería feliz o no…

En esta ocasión, pasó mucho tiempo sin que pensara prácticamente en nada. De repente, sintió un apetito feroz y que, al mirar el reloj, entendió perfectamente, ya que eran las cuatro de la tarde.

Entró en un pequeño restaurante que estaba viendo desde la terraza, comió un plato que vio en la carta y que nunca solía comer, aunque le encantaba, porque tenía demasiadas calorías, pero «un día es un día», y pidió una mano de cerdo rellena de *foie*. ¡Deliciosa!

Ya más tranquila, deshizo el camino que había andado y regresó a su oficina, llamó al subdirector de su división para informarle de los cambios que se iban a producir y la importancia de unas buenas comunicaciones *online*, que serían a partir de unos días la clave de la organización.

En la carpeta sobre la mesa tenía señalado como tarea escribir un breve texto sobre innovación para un número especial de una revista que le habían solicitado precisamente por su cargo.

Se quedó sola en el despacho a escribir el artículo antes de regresar a su casa.

«Por supuesto que la innovación y las nuevas tecnologías están alterando la sociedad de diversas maneras, desde la incorporación de personas con nuevas formaciones —desgraciadamente dejando fuera del mercado laboral a numerosas personas—, ya que la robotización y automatización, en general, requieren perfiles diferentes, hasta el posible dominio por entidades o personas que detenten el poder de los datos y los sistemas digitales, lo que alterará sustancialmente tanto los sistemas económicos como políticos y sociales.

Enfocarse en la innovación supone una nueva revolución que, aunque no tiene mucho que ver con la que se produjo en el siglo XV impulsada por los Médici (combinación de las ciencias), sí está produciendo importantes alteraciones en la economía global.

En esta ocasión, el enfoque es multidisciplinar y a diario estamos viendo sus efectos en aspectos de la inteligencia artificial, impresoras 3D, nuevas aplicaciones con drones, computación cuántica, etc.

Muchas empresas se están quedando atrás y son escasas las que tienen establecida como actividad estructural la innovación, que permita combinar la multifuncionalidad, el diseño creativo, la estructura de los procesos y las experiencias de cliente.

Se trata de crear una inteligencia colectiva en una simbiosis entre el *design thinking* y la inteligencia artificial para potenciar un permanente y vertiginoso cambio basado en la tecnología, que el empresariado debe compaginar con las habilidades directivas para hacer frente a los cada vez más importantes y globales desafíos.

Así mismo, tenemos que recoger las necesidades de los clientes para ofrecerles unas soluciones cada día más disruptivas que deben concretarse en productos que hagan la vida más fácil a la sociedad.

De hecho, la mayoría de las empresas —grandes incluso— no tienen un departamento específico y liderado por un experto en la materia, que suelen denominar en los países anglosajones como CDO *(Chef Digital Officer)*, lo que dificulta conseguir procesos de desarrollo que aporten soluciones para cubrir esas necesidades que se perciben en el mercado».

Y ella se convertiría a partir del mes siguiente en la CDO que precisaban las empresas del polígono industrial.

Tras diez días de trabajo duro de organización de su división y la documentación que estimó necesaria para su nueva función como consultora, María se despidió de sus empleados en una reunión breve e informal, comunicó al secretario de Estado su viaje al polígono industrial El Recreo, ordenó su apartamento y fue bajando al coche cajas de documentos, ordenadores, impresora, consola, etc.; parecía que se marchaba a un safari.

Al día siguiente por la mañana, salió pronto a fin de llegar en torno al mediodía. Los rayos de luz de un luminoso día de primavera se filtraban a través del parabrisas, obligándole a bajar el parasol de su lado, por lo que le resultaba algo más incómoda la conducción.

Tras una parada para repostar y tomar algo en un área de servicio, continuó durante otras dos horas y media hasta llegar al pueblo; se dirigió directamente al ayuntamiento.

Le dijo al policía urbano que estaba en la puerta si podía decirle al alcalde que había llegado y si podía dejar aparcado el coche durante la reunión que iba a tener con él.

El policía le confirmó que tenía instrucciones de acompañarla al despacho y que, por supuesto, dejara el coche con seguridad en el aparcamiento reservado para autoridades hasta que acabara la reunión.

El edificio era de estilo colonial, muy limpio y bien decorado, con una escalera central que conducía a la primera planta, donde se encontraban los despachos de las autoridades.

Estaban terminando de subir las escaleras María y el policía cuando ya el alcalde abría su puerta y salía a saludarla:

—Buenos días, Sra. Paterson. Me alegro de que haya podido venir tan pronto. ¿Qué tal ha tenido el viaje?

—Muy bien, gracias. Ha sido un viaje cómodo y casi sin tráfico.

—Pase a mi despacho, por favor.

Entró el alcalde tras María, y el policía se retiró.

El alcalde le señaló un sofá y él se sentó en el de al lado.

—Ya me ha informado el secretario de Estado de sus actividades durante el tiempo que considere necesario con el fin de motivar a nuestros pequeños empresarios en lo que a innovación empresarial se refiere. Creo que es una labor importante para nuestras empresas y para el municipio.

—Sí, eso pretendo. De hecho, he venido con el compromiso de luchar conjuntamente con los empresarios y autónomos del pueblo para la modernización del polígono industrial El Recreo.

—Estoy seguro de que hará una magnífica labor. Por cierto, me han solicitado algunos empresarios del pueblo que no están en el polígono si podrían participar ellos también.

—Por supuesto, trabajaremos con cuantos estén dispuestos a modernizar sus empresas y, es más, creo que sería bueno que todas la empresas participaran, así no tendría por qué quedarse ninguna atrás o, al menos, podrían tener la oportunidad de que les apoyáramos.

—Estupendo, se lo comunicaré a todos. Supongo que estará cansada del viaje, así que, si le parece, el mismo policía que le ha atendido a la entrada le acompañará a la casa que hemos preparado para Ud. Se trata de un chalet con un pequeño jardín, varias habitaciones, un despacho, wifi, parabólica, TV y amueblado de una forma estándar pero con mobiliario nuevo; esperemos que se sienta lo más cómoda posible.

—Se lo agradezco mucho.

—Cualquier cosa que necesite, no dude en llamarme. Si le parece bien, podría Ud. deshacer su maleta y descansar tranquilamente, y mañana comenzamos a trabajar.

—Perfecto.

—¿Le parece bien mañana a las 10:00 h de la mañana aquí mismo?

—Me parece muy bien. Muchas gracias por todo y mañana a esa hora estaré aquí.

Como le había indicado el alcalde, el policía le abrió la puerta del coche, fue por delante con una moto hasta una urbanización a las afueras del pueblo y se detuvo ante uno de los chalets. Se trataba de una casa de estilo mediterráneo, rodeada de un jardín que si bien no era grande, tenía unos pocos árboles —algunos frutales—, césped, rosales, setos además de un olivo y un magnolio ya bastante crecidos, por lo que debían haber estado allí antes de la construcción del chalet.

Le ayudó a bajar todas las cosas del coche y las fue dejando donde María le iba indicando, y cuando terminó se fue, no sin antes insistir que le llamara para cualquier cosa que precisara.

Fue al supermercado que vio al pasar que estaba cerca de la urbanización e hizo una compra importante, ya que pensaba estar durante bastante tiempo allí, y tras hacerse una ensalada mixta y descansar un rato, dedicó el resto de la tarde a ordenar la casa para dejarla todo lo confortable posible.

La mañana siguiente salió un poco nublada pero la temperatura era buena, así que salió un rato a correr por los alrededores y desayunó después de forma abundante para tomar fuerza para el día, que ignoraba cómo se iba a desarrollar.

Se arregló y, con mucho tiempo por delante, se encaminó hacia el ayuntamiento, cargada con una gran cartera y el bolso, pero lentamente para ir conociendo las características del pueblo: calles, tiendas, bares, un hotel, varios restaurantes, tiendas de moda —algunas de ellas de franquicias conocidas—, panadería, mercado, etc.

Faltaban unos minutos para las 10:00 cuando María subía las escaleras del ayuntamiento hacia el despacho del alcalde; llamó a la puerta y, al oír «pase», abrió cuando ya el alcalde se dirigía a la puerta.

—Buenos días. ¿Qué tal le ha parecido la casa que le hemos preparado?

—Muy bien, es cómoda y muy bien adaptada para mis necesidades y un poco grande en comparación con el apartamento que tengo en la ciudad, lo que me da más sensación de amplitud y comodidad.

—Me alegro mucho. Entonces, si le parece, me acompaña a la sala de plenos donde ya está reunida parte de la Corporación Municipal y una representación de los empresarios.

—Pues allá vamos.

El salón de plenos no era muy grande, pero su mobiliario recordaba —en pequeño, claro— a uno de los edificios de congresos de países relativamente modernos con muebles de estilo pero con amplios ventanales y colgando de sus paredes lienzos llenos de luz y color.

—Quiero presentarles a María Paterson, directora de la División de Innovación del Ministerio de la Empresa, que nos va a ayudar en la modernización de nuestras empresas a lo largo de unos meses. Queremos darle nuestra más sincera bienvenida y rogarle que nos explique brevemente su programa de acción para nuestro municipio.

—Buenos días a todos y gracias por su participación en este programa que vamos a iniciar con mucho interés por parte del Ministerio y, especialmente, de su secretario de Estado, y que, contando con la más amplia colaboración de todos ustedes, estoy segura tendrá el éxito asegurado.

—Estamos seguros de que conseguiremos actualizar el sistema productivo del municipio y así garantizar la viabilidad de las empresas, mantenimiento e, incluso, incremento del empleo.

—Voy a mencionarles algunos aspectos que vamos a tratar a lo largo de este tiempo y el cronograma previsto inicialmente.

»Realizaremos el programa en doce semanas, abordando cada una de ellas un aspecto a tener en cuenta en el desarrollo de la innovación en nuestra empresa con carácter general, y a continuación de cada uno de los temas, realizaremos un trabajo conjunto sobre esos aspectos en vuestras empresas. Y así sucesivamente hasta el final del programa, en el que, con seguridad, vamos a conseguir conjuntamente la modernización de todas las empresas participantes del polígono industrial El Recreo.

»A grandes rasgos, los temas que vamos a tratar son:

- **El proceso de desarrollo de nuevos productos**, es decir, cuál es la estrategia más adecuada para sacar un nuevo producto al mercado; cómo conseguir muchas y buenas ideas sobre nuevos productos y cómo filtrarlas; cómo desarrollar los procesos de creación de esos nuevos productos o servicios y el proceso más conveniente de su desarrollo por las etapas más frecuentes.
- **La investigación del mercado para estos nuevos productos**: segmentos objetivos, técnicas de investigación, test de mercado, etapas de comercialización y el lanzamiento al mercado de nuestro nuevo producto.
- **Modelos de desarrollo de nuevos productos**: qué vamos a utilizar, fases, priorización de proyectos, sistemas de control, aceleración de procesos…

- ***Design thinking:*** cómo son sus características y cómo funciona, qué herramientas utiliza, concreción de los resultados.
- **Herramientas de percepción de los productos por el cliente**: sus fuentes, análisis, medición, estudios comparativos con la competencia y estrategias a implementar.

»Como resumen, esta es la configuración inicial del programa que, por supuesto, aplicaremos con amplia flexibilidad para adaptarlo a las cuestiones que nos vayan surgiendo.

María, de manera deliberada, hizo una pausa un poco más larga, mientras observaba atentamente los gestos de los que asistían a fin de posibilitar alguna pregunta de los asistentes, como así fue.

Un señor sentado en la primera fila se levantó y dijo dirigiéndose no solo a María, sino más bien a todos los asistentes:

—Ya hemos oído desde hace tiempo muchas cosas sobre la innovación, pero eso es para las grandes empresas con muchos recursos; todos nosotros somos pequeños empresarios, no llegamos ni siquiera a medianos y, por eso, creo que no nos va a ser de gran ayuda este programa.

—Ya verá Ud., como el resto de los pequeños empresarios, que el aspecto de innovación no solo es para las grandes empresas. Tal vez piensen que innovación es encerrar a un equipo de investigadores en unas grandes instalaciones, como vemos en las películas americanas, hasta que encuentran un maravilloso y espectacular nuevo producto que el mundo vea con expectativa admiración.

»No nos vamos a referir a ese tipo de innovación, nuestras empresas son modestas en recursos y, por ello, las herramientas en las que más vamos a invertir son la imaginación, la curiosidad y la flexibilidad; el resto es trabajo, como siempre.

»Piensen que innovación es modificar el envase, embalaje, canal de venta o distribución, otros usos del producto… Y, ¿cómo se consigue dar con esa «innovación»? Veremos muchas formas, pero con un ejemplo tal vez constate las posibilidades de mejora de nuestros productos: con independencia del producto que fabrique, pruebe a dar un paseo por una ciudad, si es posible incluso de otro continente, observe los escaparates de las tiendas donde venden productos como el suyo o productos sustitutivos, observe cómo están en los lineales, cómo se presentan, sus catálogos, la manera en que se publicitan, etc. ¿Cree de verdad que no le surgirán ideas de fácil aplicación a su empresa? Yo creo que sí.

»Igual que el simple ejemplo que he puesto, hay muchas maneras de actualizar y modernizar nuestros productos y empresas, siendo en ocasiones mucho menos onerosas en su desarrollo de lo que pensamos y en esa línea de austeridad presupuestaria. Pero con amplitud de miras y esfuerzo es como vamos a afrontar este programa, y tengo total seguridad de que vamos a avanzar en nuestro objetivo de modernizar nuestras empresas.

Volvió a mirar atentamente a los asistentes y les notaba más relajados y con interés, de forma que, para no cansarles y mantenerles con la expectativa de una mejora de productividad, pensó que era el momento de cerrar la presentación.

—No me voy a extender más y creo que lo mejor es que, ya desde esta misma tarde, empecemos a trabajar en estos temas que he planteado con los empresarios que lo deseen, ya que pueden asistir los que estén interesados en el tema que vayamos a tratar en cada una de las sesiones o, si lo prefieren, asistir a todas. Eso lo dejamos a criterio de cada uno de ustedes en función de su interés y disponibilidad de tiempo.

»Concretamente, esta tarde vamos a tratar la innovación de productos desde una perspectiva general para, posteriormente, ir centrándonos en aspectos más concretos; es decir, pensaremos juntos cómo conseguir las mejores ideas, su selección, la técnica del *design thinking*, etc.

»Me gustaría que lo hiciéramos en un lugar en el mismo polígono y he pensado que podría ser en el salón que tiene el bar; ya he hablado con Manolo, su dueño, y está de acuerdo, de manera que, si a ustedes les parece bien, podemos empezar allí esta tarde a las 18:00 h. Creo que no nos llevará más de dos horas.

»Solo me resta agradecer al Ayuntamiento y a ustedes todas las atenciones que han prestado tanto en esta presentación como al nuevo plan del Ministerio de la Empresa.

Sonaron unos aplausos y la gente se fue levantando. Fueron muchos los que se acercaron a saludarla y agradecerle la presentación; también el alcalde le expresó su satisfacción por el acto y su perspectiva de que iba a resultar muy bien.

4. Proceso de desarrollo de nuevos productos

Faltaban quince minutos para las 18:00 h y ya estaba María preparando el salón del bar del polígono, ayudada con interés por su dueño, de manera que en diez minutos dejaron instalado el proyector, la pantalla, la conexión con el ordenador, las mesas en forma de U..., creando un ambiente agradable.

Poco a poco fueron llegando varios empresarios y pasados cinco minutos de cortesía de la hora convocada, María decidió que era momento de empezar.

Había veinte empresarios, que se sentaron en las mesas sobre las que se había colocado una carpeta con el logotipo del Ministerio, un bloc y un bolígrafo, además de un *pendrive* con información de los programas de ayuda del Ministerio de la Empresa, direcciones y teléfonos de contacto.

Comenzó María la presentación.

—Continuando con lo que hemos comentado esta mañana, vamos a iniciar el tema del desarrollo de nuevos productos, y he querido poneros esta frase de Peter Drucker que abunda en lo que os dije: «Podemos avanzar en la innovación sin grandes inversiones, pero sí con una gran dosis de creatividad»; es lo que vamos a intentar estos días.

»Empecemos con eso que llamamos «innovación».

»Cuando nos referimos a innovar pensamos en una mejora de la actividad empresarial mediante el cambio en el modelo de negocio, de procesos, de distribución, de comercialización y, por supuesto, de nuevos productos o servicios.

»Y no se trata de focalizar los cambios solo a nivel tecnológico. Por ello, vamos a analizar de forma global el proceso de desarrollo de productos o servicios a fin de adoptar la estrategia que más se ajuste a nuestra política de empresa.

»Hay dos ópticas que se aplican al desarrollo de nuevos productos: una, los productos que no se comercializaban —con lo que supone aumentar la oferta—, y otra, más en la línea de lo que tratamos, crear un nuevo producto, ya sea en el seno de la empresa (desarrollo interno), o bien por la compra de licencias, patentes, *joint venture*, etc., o absorción de otras empresas con otro tipo de productos.

—Algunas veces —dijo uno de los sentados a la izquierda, que seguía con el mono de trabajo— a mí se me han ocurrido ideas de cómo hacer nuevos productos y luego me he enterado de que ya se estaba comercializando algo parecido, o bien a los que se lo he comentado no les ha parecido nada nuevo.

—Efectivamente —le contestó María—, nosotros podemos pensar que hemos logrado un nuevo producto, pero en ocasiones no es así.

»Se puede dar el caso, y de hecho se produce, que la empresa considere que ha creado un nuevo producto o servicio y, sin embargo, no ser percibido como tal por los consumidores. Y, asimismo, es posible que los consumidores perciban un producto o servicio como nuevo o novedoso a pesar de que la novedad sea únicamente una presentación diferente, o bien cambios en la distribución del producto, en los precios… Este es uno de los aspectos que pueden resultar de gran interés.

»Es decir, desde el punto de vista del mercado, un producto se considera nuevo cuando el consumidor percibe que hay diferencias con respecto a otros productos en el mercado, ya sea por descubrir un uso nuevo, una forma práctica de apertura u otra utilidad, de manera que el consumidor valore un cambio cualitativo y/o cuantitativo de los productos que se ponen en el mercado, apreciando la diferencia entre este nuevo producto que sacamos al mercado con respecto al conjunto de productos que ya existen y que satisfacen la misma necesidad.

—Pero, ¿tiene que ser un gran invento? —insistió el mismo empresario.

—El nuevo producto no tiene por qué ser necesariamente un invento revolucionario, como cuando se crearon los ordenadores, los microondas…, sino que responda a las necesidades que ya están patentes en el mercado, o bien cree unas nuevas necesidades.

»Se establecen muchas clasificaciones sobre los nuevos productos o servicios, unas veces partiendo de la generación de la idea de la creación de un nuevo producto con una importante carga innovadora, y otras buscando perfeccionar el producto existente o buscar nuevas aplicaciones que puedan ser percibidas por el mercado, basándose en las características físicas del producto como pueden ser incorporar un nuevo componente, una diferencia de las materias que lo componen, una modificación en la tecnológica o del sistema de funcionamiento.

»Hay otro tipo de innovación que está más enfocado a la parte comercial o de *marketing*, es decir, basada en las actividades para las que está pensado el producto en su comercialización: presentación en los lineales de las tiendas, la comercialización a través de tiendas virtuales o mediante promociones directas con comunicaciones de diversas características a través de internet, en la forma de publicitarlo o en el posicionamiento del producto.

»También podemos analizar el impacto que puede tener la tecnología sobre la que se basa la realización del producto, es decir, cuanto más novedoso sea el concepto de producto o servicio y la tecnología que lo soporta, mayor será el grado de innovación.

—Aunque también son muy importantes para la sociedad los grandes inventos, ya que después podemos los demás obtener variaciones sobre sus productos o subproductos para su construcción —indicó uno de los de las mesas frontales, que era uno de los pocos que llevaba traje y corbata.

—Efectivamente —le contestó María—. Con menos frecuencia de lo que nos gustaría, se consiguen grandes avances que cambian el mercado, si bien muchas veces no los apreciamos, aunque sí los productos derivados de dichos inventos.

»Un ejemplo son los nuevos sistemas de televisión que están generando continuamente innovaciones. Pero muchas veces el cliente no lo percibe, por lo que lo importante es la diferenciación perceptible del conjunto de productos o servicios similares, con algo que les distinga de los productos de los competidores, para competir con ventaja.

»Trataremos también ese aspecto, pero, de momento, vamos a seguir con esa fase de innovación algo más simple para las empresas pequeñas, si bien es una posibilidad de compartir con grandes empresas el momento de innovación de grandes proyectos.

»Reflexionemos, en primer lugar, que la innovación —en este caso comercial— en los productos que ofrece la empresa se consigue a veces con la salida a nuestro mercado con unos productos o servicios que ya se han probado con éxito en otros países u otros mercados.

»En todas partes, el desarrollo de nuevos productos en empresas pioneras en su sector constituye una función continua y estructural que genera un nuevo concepto de la gestión de productos.

»En el entorno empresarial debemos cuantificar siempre el incremento de costes de desarrollo de estos nuevos productos, incluyendo el correspondiente al lanzamiento de los mismos al mercado, evaluando cuidadosamente el riesgo que conlleva, ya que existe una tasa de fracaso que, en determinados sectores, puede ser elevada.

»Porque, como en cualquier actividad empresarial, existe un riesgo que hay que asumir y que tenemos que poner en valor para constatar que se puede cubrir sin alterar nuestros objetivos financieros, contemplando el incremento de la facturación como consecuencia del crecimiento de las ventas con los nuevos productos o servicios.

—Productividad y riesgo es un binomio permanente en cualquier empresa —indicó otro de los asistentes.

—Así es, es algo intrínseco con el hecho de ser empresario.

»El crecimiento de la competitividad que tenemos previsto por la incorporación de nuevos productos o servicios a nuestro *portfolio* supone en muchas empresas una forma de diversificación en las fases de madurez o de saturación de los mercados.

»Los cambios que se están produciendo cada vez con mayor rapidez en los hábitos de compra de los clientes exigen un mayor dinamismo y, en muchas ocasiones, adaptar los productos a las cambiantes normativas de los gobiernos o de los grupos de presión de los consumidores, que exigen que tengamos que modificar los productos o algunos de sus componentes.

»Es evidente que esta situación debe ser prevista por la empresa con una actitud de anticipación al cambio y de la gestión de la innovación.

»La reducción del riesgo y el coste de desarrollar nuevos productos debe establecerse mediante la formulación de la estrategia empresarial e incluirlo en el proceso de planificación, desde su diseño hasta su lanzamiento, ya que los procesos de creación de nuevos productos deben estar relacionados con la política de la empresa, puesto que exige un desarrollo de las capacidades y de recursos humanos, financieros y de organización, así como un conocimiento claro de lo que demanda el cliente potencial.

—¿Cómo nos sugiere que debemos hacerlo en nuestras empresas?

—La empresa debe empezar con una estrategia muy concreta en el desarrollo de nuevos productos, bien planificada y tendente a reducir en todo lo posible el índice de fracaso.

—¿De qué manera podemos afrontar los mercados con esta perspectiva?

—Analizaremos ahora la orientación o la actitud que vamos a llevar a efecto en la empresa si pretendemos ser líderes del mercado mediante una postura agresiva, o bien si queremos adoptar una forma más pasiva, siendo seguidores de lo que vaya apareciendo en el mercado.

»Esta decisión está condicionada por la inversión y con el presupuesto correspondiente, pero, en cualquier caso, de una forma u otra tenemos que tener en cuenta nuestro tipo de producto, el uso que hace del mismo el cliente final y la tecnología utilizada, sin perder de vista las variables del mercado que pretendemos alcanzar y los criterios financieros que se derivan de los objetivos que hayamos previsto para el desarrollo de estos productos.

»La estrategia de los nuevos productos, como hemos indicado antes, debe preverla la empresa cuando va a iniciar algún cambio, o bien cuando es consciente de que un nuevo producto ha sido desarrollado por sus competidores, que nos exige una decisión reactiva.

»Las estrategias reactivadas constituyen una manera defensiva de afrontar el mercado para competir con los nuevos productos que aparecen o ante modificaciones de los actuales, aunque no se llegue a crear un producto nuevo o sustitutivo.

»En principio, estas estrategias suelen tener validez en el corto plazo porque muchas de ellas son estrategias indicativas para mantener cuota de mercado y, en algunas ocasiones, podemos caer en el error de precipitarnos antes incluso de contrastar que el producto sea bien recibido en el mercado.

—Pero para eso hay que invertir, y no están los tiempos para grandes inversiones.

—Es evidente que la innovación, como actividad estructural de la empresa, suele ser costosa. Por ello, son pocas las empresas que lideran las innovaciones sustanciales, mientras que la mayoría son seguidores.

»Muchas de ellas se limitan a intentar mejorar el producto o servicio de sus competidores. Esta estrategia bien llevada puede posicionarlas como segundas, pero que incluso sean mejores y más competitivas, porque una vez conocido el producto pueden hacerlo más flexible y eficiente, consiguiendo mejor aplicabilidad con la ventaja de no haber incurrido en gastos de desarrollo y experimentación, que ha tenido que hacer la empresa innovadora para la creación y desarrollo del producto.

»En otros aspectos y más significativamente en determinados sectores, como suelen ser el tecnológico, farmacéutico, biomédico…, que aplican elevados recursos mediante unas estrategias decididamente innovadoras y con un alto grado de I+D, alcanzan altos niveles de éxito y rentabilidad cuando son las primeras en poner en el mercado un nuevo producto.

»Otras empresas aplican estrategias basadas en un claro énfasis en *marketing*, desarrollando tan solo aquellos productos que responden a una necesidad concreta detectada en su investigación del mercado, más que inventar procesos de investigación.

—¿Cómo planteamos, entonces, nuestra estrategia?

—Como en cualquier estrategia ganadora; para tener éxito en el desarrollo y lanzamiento de nuevos productos, tenemos que tener en cuenta una serie de factores que conviene revisar por parte del emprendedor o la empresa:

- Disponer de un mercado que permita recuperar el coste del desarrollo y puesta en marcha del producto o servicio.
- Cuando se trata de productos nuevos, analizar el nivel de riesgo que podemos asumir.
- Evitar en lo posible imitaciones por parte de nuestros competidores.
- Percibir la necesidad de este nuevo producto, tanto con proveedores como con clientes.

»Durante la semana próxima, en cada una de las empresas en las que trabajemos voy a sugerir que basen su nueva estrategia en la diferenciación de sus productos y la posibilidad de introducir nuevos productos o servicios en su mercado habitual, o bien en nuevos mercados, definiendo bien en este caso la política de patentes y marcas a fin de proteger su posicionamiento.

»En este caso de acceso a otros mercados, surge la duda frecuente de si mantener un liderazgo en costes accediendo a grandes mercados o decidir la obtención de alto margen en segmentos muy definidos.

»Por supuesto, en este, como en todos los casos de acceso a otros mercados y/o canales de distribución diferente, hay que definir adecuadamente el tiempo y los recursos precisos.

»Cuando afrontamos el proceso de penetración en otros mercados, debemos iniciar una búsqueda activa de oportunidades, nueva generación de ideas y el máximo conocimiento de ese mercado para poder establecer una estrategia y unos objetivos bien definidos.

—Y, ¿cómo va a iniciar el trabajo?

—En esta fase previa comenzaremos definiendo nuestro producto de acuerdo a las circunstancias del nuevo mercado, el posicionamiento que pretendemos tener y la estrategia de *marketing* que debemos utilizar.

»La fase siguiente es procurar disminuir el riesgo que entraña la puesta en el mercado ante un nuevo producto, nuevo canal o nuevo mercado, para lo que es conveniente realizar un test previo y un estudio de viabilidad económica que nos permita desarrollar una política de lanzamiento del producto o servicio mediante un plan de *marketing* (lo ya sabido de las 4 P: producto, precio, distribución y comunicación).

»No es cómodo, pero cada vez que se lanza un nuevo producto o se accede a un nuevo mercado hay que volver a iniciar el proceso de búsqueda de nuevas ideas y sus fuentes, maneras de innovar, analizar las opciones para encontrar el equilibrio clientes–proveedores–inversores…

—¿Cómo vamos a conseguir las ideas para el cambio?

—Muchas veces las ideas surgen de un buen análisis de las redes sociales, conversaciones con distribuidores, test de mercado, bancos, cámaras de comercio o instituciones similares, nuestro laboratorio, observaciones de los usuarios actuales, empleados, analizando lo que hace la competencia, etc., y, por supuesto, procurando que estas ideas así obtenidas no se pierdan, estableciendo un protocolo de generación y análisis para definir aquellas que tengan verdaderas posibilidades de éxito.

»En definitiva, se trata de sacar el espíritu creativo de cada uno de los empleados para, conjuntamente, alcanzar y mantener una organización creativa, fundamental para lograr una innovación estructural en productos y mercados.

»Y recordar que la innovación a través del usuario o cliente es otro apartado importante que se consigue poniendo al cliente en el centro de nuestro foco de atención, lo que nos permitirá entender cuáles son de verdad sus necesidades e intentar con ello crear soluciones que aporten para él un verdadero significado.

»Precisamente, esta detección de necesidades es lo que caracteriza a una de nuestras herramientas que denominamos *design thinking*.

»Hay una máxima que siempre me ha encantado: «A clientes contentos, accionistas encantados», de tal manera que si realizamos propuestas de valor atractivas para los clientes, nos elegirán y nuestro producto se posicionará bien en el mercado.

»Tras nuestro análisis conviene no desechar posibles maneras de entrar en el mercado por otras vías, como es la compra o alquiler de empresas que utilicen esos canales de distribución, mediante una *joint venture* con otras ya existentes u otros sistemas de colaboración abierta y participativa, pero en todos los casos mediante un proceso bien estructurado.

»Y, sobre todo, que pueda significar una aportación excelente al mercado, que tecnológicamente sea adecuada y que sea viable.

—Nos ha dicho esta mañana que nos hablaría del *design thinking*. ¿Nos puede decir qué es esa herramienta?

—El *design thinking* es el modo en que las personas que consideramos creativas —diseñadores, artistas y otros especialistas—

piensan y actúan. El método tiene como característica más importante colocar al cliente actual o el potencial en el centro del análisis y explorar posibles soluciones que vayan más allá de lo evidente, rompiendo muchas veces paradigmas existentes.

»En muchas empresas la metodología que conforma el *design thinking* crea un aire nuevo, por supuesto más creativo, que consigue obtener no solo buenos productos, sino que sean emocionalmente positivos para el cliente.

»En este sentido, lo que se pretende descubrir es dónde están las oportunidades, estructurar las ideas para una buena presentación a los clientes y conseguir acelerar el encuentro de soluciones para posicionar nuestro producto o servicio en el mercado lo antes posible.

»Con el desarrollo del *design thinking* se resuelven problemas de diferentes tipos dentro de la empresa; es una herramienta importante, si bien precisa complementarse con un pensamiento analítico clásico y no dejarse llevar solo por la estética o la originalidad del nuevo producto sin profundizar en la utilidad real de las soluciones que se consiguen con él.

»Tengan muy presente los derechos de propiedad industrial y/o intelectual para evitar problemas legales en el desarrollo.

»Otro de los aspectos a tener en cuenta es la innovación inspirada en el análisis de lo que hace la competencia; no cabe duda de que, probablemente, sea la vía más rápida para conseguir ideas de mejora para nuestro producto y que, simplemente, consiste en ver qué ideas, estrategias o modelos de negocio les ha resultado exitosos a los competidores a fin de adaptarlas a nuestra estrategia con las necesarias modificaciones.

»Muchas veces vemos en el mercado nuevos productos que nos sorprenden, pero que casi siempre corresponden a una lógica evidente. Estas empresas innovadoras hacen propuestas que se diferencian de las de sus rivales y consiguen una producción o ejecución excelente.

»La secuencia parece clara: utilizan la imaginación, piensan en propuestas concretas fuera de los límites establecidos, incluso, por los competidores y logran captar la atención del mercado para, una vez conseguido esto, iniciar la producción y posicionarlas de manera escalable para que sea competitiva en su segmento.

»Combinan dos aspectos que *a priori* no parecen lógicos, como son el *design thinking* para la generación de ideas y las propuestas de integración con los programas de calidad establecidos en la empresa, evitando, si es posible, la variabilidad de la producción mediante el diseño de otros productos y su distribución a escala global, sin perjudicar la rentabilidad, sino más bien todo lo contrario.

—Nos dijo que una manera de introducir otros productos en el mercado era de acuerdo con otra empresa.

—La innovación que llamamos de compra o alquiler es sencillamente comprar la licencia, el producto o la exclusiva de fabricación o comercialización de un nuevo producto de nuestro interés, que es la forma más rápida de tener buenas ideas o productos. En los últimos años están surgiendo en el mercado varias empresas dedicadas a investigación y desarrollo que comercializan sus licencias.

»La ventaja de proceder de esta forma es clara, ya que una empresa puede estar en vanguardia de la innovación en lo que a nuevas tecnologías y tendencias se refiere.

—Ha hecho también referencia a la innovación participativa. ¿Qué es?

—La innovación abierta o participativa consiste en darle oportunidad a todo aquel que quiera participar, aportando ideas en proyectos de innovación que podamos llevar a cabo en la empresa, en las condiciones que pactemos —con empleados, proveedores, clientes, etc.—.

—Así que, ¿debemos proponernos como objetivo desarrollar nuestra imaginación?

—Efectivamente. Hemos visto que las ideas pueden tener diversos orígenes y que, independientemente de cuál haya sido el modo para obtenerlas, lo más importante es que seamos capaces de unir esas ideas con las que nos llegan de nuestro laboratorio, de nuestros empleados y de nuestro equipo comercial para rentabilizarlas.

»Por eso, decimos que la innovación consiste en combinar de manera creativa ideas, personas, experiencia anterior, etc. Y eso solo es posible si salimos fuera de nuestro espacio de confort, buscando cosas nuevas y acumulando experiencias para, con ello, ser capaces de establecer una conexión entre lo que hemos visto, oído y vivido.

»Naturalmente, si pretendemos que nuestra compañía sea creativa, tenemos que implicar a nuestra gente, no solo con declaraciones de intenciones, sino adoptando medidas que fomenten la creatividad y potenciándola, creando un entorno de confianza, motivando y comprometiéndonos a tener en cuenta sus ideas, si bien, como no puede ser de otra forma, la última decisión de su puesta en marca la tiene la empresa, cribando adecuadamente las ideas para apostar por aquellas que tengan real potencial de éxito.

»En esta fase debemos procurar no ser excesivamente conservadores ni demasiado arriesgados con supuestos potenciales de alta rentabilidad, y habitualmente nos solemos decidir por una idea de producto que quizá no sea la de mayor potencial de crecimiento teórico, pero que el riesgo no sea muy elevado, consiguiendo de esta manera una innovación viable y con una inversión que sea asumible por la empresa.

—Pero es fácil cometer muchos errores en esos planteamientos.

—Es así, en esta fase tenemos que evitar errores; por una parte, el exceso de conservadurismo y, por otra, con ideas de notable potencial de rentabilidad pero con un alto riesgo.

»Uno de los problemas que nos encontramos en la empresa es la variación del *portfolio* incorporando o eliminando productos o servicios, principalmente aquellos que conllevan un gran componente de tecnología dada la segura obsolescencia que en muchos casos llega con una gran rapidez, lo que nos expone a que otro competidor se nos adelante y perdamos el posicionamiento de la empresa o bien del producto, ya que este tipo de productos y mercado son extremadamente dinámicos.

—Teniendo en cuenta estas reflexiones, ¿es el momento de afrontar el desarrollo del nuevo producto o servicio?

—En muchas ocasiones ya no es el espíritu innovador o desarrollo mediante la permanente investigación de productos, sino, simplemente, la necesidad de supervivencia de la empresa lo que nos induce al cambio dada la permanente aparición en el mercado de nuevos avances tecnológicos, incremento de la competencia y disminución cada vez más rápida del ciclo de vida del producto tradicional y, por supuesto, de los nuevos productos.

»Por ese motivo, es mucho más importante la reducción del tiempo para introducir en el mercado nuevos productos y mejorar sustancialmente la eficiencia de los procesos de desarrollo.

»En general, nuestra estrategia de innovación debe estar muy bien definida y transmitida a los integrantes de la empresa y, si pudiera ser, extenderla a proveedores y clientes, compartiendo los objetivos de la misma en cuanto al desarrollo de los nuevos productos.

»No conviene esperar a un momento de necesidad de cambio de producto, sino empezar cuando aún estemos bien posicionados en el mercado a fin de mantener e incrementar nuestro volumen de negocio, permaneciendo en el posicionamiento que hayamos creído conveniente para nuestra empresa.

»Y, por último, quiero insistir en que es imprescindible disponer de los recursos necesarios, coordinando ordenadamente los equipos de diseño y desarrollo, incorporando a los especialistas necesarios, cuantificando los costes que ello conlleva a fin de reconfirmar que podemos afrontarlo, ya que, en caso contrario, es mejor abortar el proceso, parando cuanto antes para no incurrir en costes innecesarios.

»Tenemos que combinar las necesidades y/o deseos de los clientes actuales y potenciales con la capacidad tecnológica de que disponemos, o bien la que nos es posible adquirir para poner cuanto antes el producto en el mercado, consiguiendo la mayor cuota de mercado posible.

»Otro de los aspectos es volver a analizar los productos de la competencia y actualizar los procesos de identificación y oportunidades de negocio para redefinir la viabilidad de cada nuevo producto, para que sea competitivo y podamos introducirlo en el mercado en el más breve plazo posible.

—Si me permite una última pregunta, ¿cómo se debe empezar con el sistema de desarrollo de un nuevo producto?

—El proceso de desarrollo del producto lo tenemos que hacer por etapas, que, si bien no necesita ser tan exigente como los aplicados por la NASA para el desarrollo de los misiles, se basa en la división del proceso de desarrollo de productos en varias fases, que van desde la evolución de las ideas y el concepto del nuevo producto o servicio al lanzamiento al mercado.

»Las etapas del proceso varían dependiendo del tipo de producto o servicio, sin embargo, la mayoría de las fases son comunes para casi todo tipo de empresas y productos.

»Estas etapas señaladas tienen necesariamente un carácter multifuncional, por lo que cada una de ellas consta de un conjunto de actividades simultáneas realizadas por un equipo destinado a estos procesos de desarrollo, que conoce perfectamente los objetivos y decisiones a tomar en cada una de ellas, por ejemplo:

- Integración en la estrategia general de productos de la empresa para incorporar los resultados del proceso de desarrollo de estos nuevos productos.
- Establecimiento y seguimiento de los puntos de control para evaluar periódicamente el progreso del proyecto.
- Establecimiento de los plazos de finalización, insistiendo en la necesidad de acelerar el proceso de desarrollo.
- Evaluación del proyecto.

»A lo largo del trabajo en estas etapas hay que evaluar los tiempos —buscando el más breve posible—, diferentes oportunidades que surjan y evaluación permanente de las oportunidades del nuevo producto.

»En las revisiones de cada una de las etapas, la dirección debe decidir las acciones que conviene eliminar, analizar las posibles dificultades y obstáculos que se vayan presentando y establecer una jerarquía de proyectos, mediante la asignación de recursos disponibles en función de las prioridades que se establezcan.

»En estas etapas se lleva a cabo el conjunto de funciones referidas al diseño detallado del producto y las actividades de desarrollo, simultaneándolas con el proceso de fabricación y diseño de las pruebas, planificación de la atención al cliente, etc., haciendo las simulaciones necesarias, teniendo a disposición de los equipos todo lo necesario para el inicio de la producción en serie. Por ello, conviene repasar de manera reiterada al final de cada una de las fases:

- Redefinición del producto.
- Revisión de la identificación de las ventajas competitivas del producto.
- Comprobación de la identificación de sus funciones básicas.
- Constatación de que siguen siendo válidas las estimaciones realizadas inicialmente.
- Planificar el resto del proceso de desarrollo hasta la terminación definitiva del proyecto.

—Y, ¿cuáles son esas etapas?
—Las etapas que vamos a seguir son las siguientes:

- Etapa de guion/definición completa. Analizando las ideas presentadas y descartando las no adecuadas mediante un proceso de evaluación y decisión para que quede un número pequeño de proyectos que tengan una alta probabilidad de éxito.
- Revisión de la etapa anterior. En esta fase, la dirección de la empresa debe determinar el futuro con sus pros y contras, y decidirá pasar a la siguiente etapa o a la cancelación del proceso.

- Etapa de diseño —y su conjunto de actividades tanto funcionales como paralelas—. En esta etapa hay que comparar el rendimiento real del proyecto con el plan establecido, comprobándose las medidas de eficiencia, costes previstos, márgenes de beneficios esperados, volumen de ventas estimadas, presupuesto del programa de desarrollo e información sobre el mercado, los competidores y el sector.
- Nueva revisión de la etapa anterior. Esta etapa es fundamental, ya que en la misma tenemos que analizar que los datos aportados nos aseguran el lanzamiento del nuevo producto o servicio, el necesario control de calidad y el resto de parámetros requeridos, ya que es el momento preciso para adoptar la decisión de continuar con el proceso, devolverlo a la etapa anterior para su mejora, o bien abandonar el proyecto, con la aplicación de los recursos que hemos designado. Decidiremos el camino a seguir por el proyecto en la siguiente etapa del proceso y revisaremos los recursos que se van a asignar al mismo. Como al finalizar cada una de las fases, determinaremos si se continúa con el proceso, se cancela o se modifican objetivos.
- Etapa de producción del prototipo. Analizaremos convenientemente el prototipo y ajustaremos características cuantitativas y cualitativas del mismo, y si cumple con las directrices aceptadas, coste, diseño…
- Revisión del prototipo.
- Etapa de producción. En esta fase se han tenido que superar las pruebas del proceso de fabricación y la planificación del plan de lanzamiento del producto, coordinando la producción para que esté disponible para su

comercialización y distribución inicial, además de los servicios de apoyo que sean necesarios, asegurándose la dirección que el producto resultante cumple con los requisitos de calidad establecidos por la empresa y exigidos por el mercado.

* Activación de la estrategia global *(marketing,* publicidad…). Por fin ha llegado la etapa de lanzamiento, lo que incluye la producción a gran escala y lanzamiento del producto. Y evaluaremos su aceptación en el mercado, detectando las posibles modificaciones o la necesidad de rediseñar el producto e, incluso, modificar el proceso, para adaptarnos lo mejor posible a la demanda del mercado seleccionado.

»Son muchas las ventajas de optar por este sistema de desarrollo por fases, ya que evita en muchos casos ahorro de gastos en proyectos con pocas posibilidades de tener éxito y podremos asignar mejor los recursos a proyectos realmente viables, al tiempo que sean ajustados a nuestras posibilidades reales.

»Tenemos que, como en casi todas las acciones estratégicas de la empresa, dotar estas fases de un alto porcentaje de flexibilidad, ya que cada producto o servicio puede tener una secuencia diferente, distintos niveles de riesgo y necesidades específicas de cada empresa, por lo que se deberán aumentar o suprimir etapas o revisiones, adaptándolas a nuestras circunstancias para obtener el fin de un buen desarrollo de la innovación de nuestros productos.

»En resumen, si seguimos una planificación adecuada lograremos un nuevo producto que sea aceptado por el cliente, que es la expectativa que nos propusimos al iniciar este proceso.

»Nos hemos alargado un poco más de la hora que tenía prevista, pero creo que ha merecido la pena porque, de esta manera, hemos finalizado la parte correspondiente al desarrollo de nuevos productos y así, tras las acciones que vamos a realizar directamente en vuestras empresas sobre este aspecto, podremos seguir con la investigación de mercados, que es una disciplina imprescindible para el éxito del lanzamiento de nuevos productos.

Se levantaron los participantes, aproximándose unos a María para diversas preguntas, otros se fueron a la barra del bar a tomar algo y dos o tres se marcharon directamente a sus empresas o casas.

5. Investigación de mercados

Los cuatro días siguientes María tuvo que hacer jornadas de mucho mas de las ocho horas previstas, ya que entre los participantes seleccionaron a cuatro empresas que tenían interés en iniciar un proceso de innovación.

La actitud de todos ellos, su entusiasmo, ganas de colaborar, de conseguir resultados, conocimiento de su producto y mercado, unido a su capacidad de trabajo logró un magnífico clima de colaboración y buenos resultados.

Eso era lo más importante, y así lo transmitió María en su informe al secretario de Estado, como este le había ordenado, con un contenido pleno de satisfacción que le permitía pensar que la experiencia iba a ser positiva.

Ya habían pasado diez minutos de la hora de la siguiente sesión del programa y ese día solo acudieron quince participantes, pese a lo cual María decidió comenzar la sesión, por lo que les indicó que se sentarán, e inició:

—En primer lugar, daros las gracias por el seguimiento que habéis hecho de la primera parte de este programa y, muy especialmente, a los equipos con los que he estado trabajando estos días, por vuestro apoyo, entusiasmo y, hasta diría, ilusión por el trabajo que hemos realizado conjuntamente.

»Sinceramente, estoy sorprendida —continuó— de las ideas que habéis filtrado de entre todas las que han surgido y estoy segura de que muchas de ellas se convertirán en nuevos productos de éxito.

»No quiero difundir las características de estos productos, pero no puedo dejar de indicarlos, aunque sea someramente, porque creo que merecen ser señalados, para que todos seamos conscientes de cómo sois capaces de innovar en vuestras empresas:

- Una máquina digital para tejer en pequeñas empresas e incluso tiendas, con un funcionamiento similar a las impresoras 3D, que supone un gran ahorro para el sector textil de moda en pequeñas cantidades.
- Una silla portátil ligera, muy plegable y segura, ideal para personas mayores y aquellas con problemas de espalda, etc.
- Una alarma portátil, ligera y que hace el seguimiento con una aplicación en el móvil con sonido, especialmente recomendada para maletas, mochilas, bolsos…
- En la empresa de embalaje, me sorprendió la idea de un escritorio de cartón portátil, ecológico y económico, fácil de transportar, montar y de instalar y desmontar para tener nuestro despacho en cualquier lugar.
- Una máquina recicladora para uso doméstico.
- Podría citar muchas más, pero esto nos da una idea del nivel de imaginación, conocimiento de las necesidades del mercado y posibilidad de fácil fabricación que habéis sabido imaginar y valorar.

»Os reitero las gracias a todos.

»Y vamos con la segunda parte de nuestro programa que denominamos la «investigación del mercado» para nuestros nuevos productos.

»Por supuesto, no vamos a desarrollar las técnicas de investigación, ya que superaría con mucho lo que tenemos diseñado en este programa más de divulgación que de tecnicismos, y resultaría complicado por la variedad de la formación de los participantes.

»Por ello, voy a exponer de forma general cuáles son los aspectos más importantes del tema y, como la semana pasada, profundizaremos más en los casos concretos de las empresas con las que trabajemos a fin de que sirva para fijar una serie de principios.

»Vamos a empezar hablando de la segmentación de los mercados, que ya es algo que, deliberadamente o no, estáis haciendo para dirigiros a vuestros potenciales clientes y que realmente se trata de dividir el mercado total en trozos (segmentos) más pequeños, cuyos componentes tengan similares características e incluso comportamientos de compra, porque van a exigir diseñar un plan de *marketing* específico y una estrategia perfectamente diferenciada.

»Es evidente que cada persona tiene necesidades diferentes a la totalidad del grupo y, como está claro que no podemos —ni debemos intentarlo— satisfacer a todos, tenemos que identificar qué grupos de personas tienen comportamientos y necesidades similares a fin de seleccionar aquel que resulta más atractivo.

—¿Cómo podríamos definir lo que es la segmentación de nuestro mercado? —preguntó uno de los participantes.

—De una forma genérica —contestó María— podríamos decir que la segmentación del mercado es agrupar a los clientes potenciales o consumidores en grupos lo más homogéneos posibles, y vamos a comentar algunas de las herramientas que podemos utilizar.

»Empecemos por clasificar a las personas en grupos en base a criterios que podríamos denominar sociodemográficos, como es establecer perfiles respecto a sexo, edad, renta media disponible, nivel de educación.

»Para nuestro segmento de mercado no podemos delimitar o excluir claramente determinados perfiles, puesto que, como es evidente, no todos responden a su clasificación para realizar el acto de compra del producto.

»Vamos a ver un ejemplo en el mercado del automóvil.

»En una primera clasificación apreciamos que puede haber tres diferenciaciones por razón de renta disponible:

- Los que, lógicamente, comprarían un coche económico —naturalmente con buenas prestaciones—.
- Los de clase media, que adquirirían un vehículo con calidad y duración.
- Y los de alto poder adquisitivo, que comprarían los vehículos de alta gama.

»Como podemos ver en nuestro entorno, esta aparentemente clara diferenciación no se ve reflejada en la realidad, ya que no solo son las personas con más alto nivel adquisitivo los compradores de autos de alta gama, sino que lo hacen personas con ingresos más bajos pero que quieren mostrar un estatus superior, y al revés, personas de alto nivel de renta adquieren coches del segmento medio con calidad y duración por razones de seguridad, no apariencia de nivel superior, etc.

»Hay una segmentación en los casos de los automóviles que se corresponde mejor, en general, que es la edad de los compradores potenciales, ya que los jóvenes se inclinan más por las opciones de coches deportivos —en sus diversos niveles de capacidad de compra, desde básicos hasta los deportivos especiales— y los mayores con familia se inclinan más por coches berlinas o familiares.

—Y, ¿hay otras formas de segmentar el mercado, por ejemplo, con nuestros clientes actuales?

—Efectivamente, uno de los aspectos más importante para segmentar a los clientes actuales es por su comportamiento de compra, ya que, en general, aquí también se cumple la teoría de Pareto, según la cual el 20 % de nuestros clientes compra el 80 % de nuestro volumen de negocio, y esto refleja claramente cómo debemos atender a nuestros clientes, sobre todo, pensando en fidelizar a los que más nos interesan por su volumen de compra.

»Hay un aspecto importante que conviene conocer mediante esta investigación de mercado y es, precisamente, lo que afecta a la rentabilidad de la empresa, como por ejemplo:

- ¿Cuál es el tamaño actual del segmento de mercado que hemos elegido, tanto actual como su futuro, previsto en términos tanto de ingresos como de rentabilidad?
- Nivel de la competencia.
- Barreras de entrada y salida.
- Evaluar fortalezas y capacidades.
- Y si es apropiado el segmento de mercado para la imagen de nuestra empresa, bien la actual o la que pretendamos conseguir.

—Si nuestro producto vemos en esta investigación que puede ser aceptado por la gran mayoría de los clientes potenciales, ¿es mejor ir a por el mercado global que hacerlo solo en un pequeño segmento? —preguntó uno de los que habíamos hecho la primera fase en su empresa.

—En general —contestó María—, una empresa pequeña y, consecuentemente, con recursos limitados creo que sería mejor que se enfocara en un segmento específico y no intentar cubrir todo el mercado.

»Y vamos a ver otras características por las que podemos identificar grupos, como son aquellos con similares valores, actitudes, intereses e incluso opiniones, características que conforman sus hábitos de compra.

»Seguiremos con la parte de la investigación de mercado que todos conocemos y que son los test que se realizan para obtener los datos del mercado.

»El primero es para conseguir opiniones de los clientes actuales y potenciales sobre el nuevo producto y si podrían estar interesados o no en su compra. Con ello conseguiremos identificar productos que no vayan a tener éxito antes de comprometer recursos en su desarrollo y, simultáneamente, conseguir información de cómo mejorar el producto para que pueda tener éxito.

»Naturalmente, estos test hay que hacerlos con personas que estén dentro del mismo segmento.

»Pero no olviden a los *influencers*, ya que desarrollan un rol importante en muchas ocasiones en el proceso de compra de personas en este segmento elegido, puesto que pueden recomendar el producto a los consumidores.

»También es interesante, y en muchos casos esencial, realizar un test a las personas del canal de distribución y/o minoristas para constatar que el producto tenga potencial para ser distribuido.

—¿Y cómo se hacen esos test? —intervino otro.

—Habitualmente se hacen a través de entrevistas cara a cara con los consumidores, y lo mejor es mostrándoles el producto, pero si no se dispone de él en ese momento —lo que ocurre

muchas veces—, con una descripción escrita del producto, un/
os anuncio/s con imágenes, un vídeo o una presentación multimedia corta pero motivante.

»Es importante que al describir nuestro nuevo producto
no comentemos mucho de sus características técnicas, sino más
bien informar de los beneficios que tiene para el comprador.

»Se suele hacer a través de preguntas, cuyas respuestas nos
puedan proporcionar información para mejorar el producto e
incrementar su atractivo, así como saber qué elementos les gustan y cuáles no.

—¿Hay que indicar en estos test el precio? —intervino de
nuevo.

—Pienso que es interesante incluir el precio porque la intención de compra está muy condicionada, como no puede ser
de otra manera, con el precio a pagar por él, y si es asumible o
no por ese segmento de mercado.

»Pero si se incluye el precio debe ser único para todo el
segmento que se estudie, ya que si no es muy probable que
obtengamos resultados dispares, puesto que interrelacionarán
cualidades del producto y los diferentes precios.

»Además, tengo que destacar un aspecto fundamental de
estos test y es que debemos elegir un precio adecuado para
maximizar los beneficios de la empresa, teniendo en cuenta
que el mejor precio no es el que más volumen de negocio
genere, sino aquel que aporte el mayor beneficio neto para la
compañía.

»Es fundamental acertar al decidir el precio de manera correcta desde el principio, ya que nos permitirá en algún momento bajarlo manteniendo el mismo posicionamiento, pero
el mercado no admite fácilmente una subida del precio inicialmente lanzado al mercado.

—¿Hay muchos más tipos de test? —añadió otro a su izquierda.

—Podríamos citar muchos tipos, pero en estos días solo vamos a ver otros dos.

»Uno de ellos es el de producto. Tras decidir que el nuevo producto tiene posibilidades de tener éxito en el mercado, procederemos a la fabricación de una primera versión o de un simple prototipo, lo más próximo posible al futuro nuevo producto que vamos a fabricar o, si no, una aproximación al producto utilizando herramientas informáticas de simulación para generar una versión virtual.

»En todos los casos debemos explicar de forma breve sus características técnicas para que el encuestado pueda apreciar el producto en su conjunto, pero sin ser tan detalladas y exhaustivas que creen más caos en el encuestado que aclaraciones.

»Debemos obtener datos que nos proporcionen las opiniones del potencial comprador y una evaluación de las características del producto.

»Conviene, además de tener la opinión de los clientes potenciales, tener también la de los expertos y, si es posible, del canal de distribución.

—¿Dónde hay que hacer esos test? —inquirió el mismo.

—Habitualmente se suelen hacer en las propias instalaciones de la empresa, en un sitio céntrico de la ciudad, como puede ser un hotel, una sala de exposiciones, etc., o en empresas especializadas en esta fase de la investigación de mercados.

»Quiero insistir en que, al finalizar cada una de las fases de la investigación del mercado que hemos mencionado, es imprescindible hacer un análisis correcto y realista de los mismos para determinar la viabilidad del nuevo producto en cada momento.

»No se puede caer en uno de los errores que cometen algunas empresas no abandonando la inversión en el desarrollo de los nuevos productos porque llevan acumulados muchos gastos en su desarrollo; craso error, ya que lo que se ha perdido, ya está perdido.

»Hay que mirar al futuro y, por ello, no se debe seguir invirtiendo si hemos detectado y pensamos que el nuevo producto no tiene ciertas garantías de éxito.

»Solo así procederemos a la fabricación del producto.

»Y, por último, vamos a ver otro de los test de investigación, que se trata del test de mercado, de concepto sencillo, pero complejo y caro llevarlo a efecto.

»Se trata de elegir una ciudad, o si lo queremos hacer con menos coste, un establecimiento importante de una zona donde su población mayoritaria esté conformada por nuestro segmento de mercado, y surtirlo con nuestro producto, controlando su situación en los lineales, en los escaparates o, incluso, en góndolas especiales.

»Esta técnica no debe alargarse mucho en su testeo, ya que mantenerlo más tiempo puede permitir a la competencia poner en marcha una rápida estrategia de imitación de manera que incluso salgan antes al mercado global.

»Indudablemente, este test nos va a proporcionar con bastante seguridad el potencial del producto, percepción clara de los clientes, costes no solo de fabricación, sino de distribución, publicidad…

»De todas maneras, quiero advertir de que hay ciertas ocasiones en las que no se considera necesario realizar estos test de mercado, como es el caso de:

- Cuando el producto y el mercado son nuevos para la empresa.
- Cuando la previsión de las ventas sean bajas.
- Cuando la venta del producto posibilite que la competencia pueda «robarnos» la innovación.
- Cuando son productos sujetos al dictado de la moda —por ejemplo, colecciones de prendas—.

»Si los resultados de los test son positivos, no queda más ni menos que la ejecución del plan de *marketing* diseñado para el lanzamiento del producto, pero, por supuesto, con una estrategia clara.

»La primera estrategia que se nos plantea sería la de entrar en todos los mercados de manera simultánea, lo que nos permitiría posiblemente hacernos con los mejores canales de distribución, además de reforzar nuestra imagen de empresa innovadora; pero esta estrategia tiene importantes riesgos por el coste que conlleva, lo que nos puede llevar al fracaso si no tenemos bien controlado el presupuesto, principalmente, en el aspecto financiero.

»Y, naturalmente, está la estrategia más conservadora de hacer un despliegue progresivo de la acción comercial del producto, introduciéndolo secuencialmente en los segmentos del mercado que hayamos analizado como convenientes.

—A mí me ha parecido muy interesante todo lo que nos ha enseñado sobre la investigación del mercado, pero, como le dije el primer día, somos pequeños empresarios y no disponemos de los recursos necesarios para hacer esa exhaustiva investigación de nuestro mercado ni mucho menos contratar a una empresa especializada —comentó el señor que intervino el primer día en el ayuntamiento.

—Efectivamente, puede ser así. Hasta estos momentos he expuesto algunos de los sistemas o herramientas utilizados para una investigación de mercados tradicional, pero, como usted dice, muchas veces nos encontramos con escasos recursos.

»Pero podemos cambiar radicalmente la forma de hacer las investigaciones, una vez conocido el sistema y herramientas, y tan solo utilizando internet.

»¿Simple, verdad? Pues se debe sencillamente a que los test *online* son una buena manera de obtener respuestas rápidas y confiables.

»Internet está cambiando la esencia de la innovación, ya que permite hacer test a nuevas ideas a velocidades y precios que no nos podíamos imaginar hace unas pocas décadas.

»Piensen que podemos hacer cambios en nuestra página web, incorporando un nuevo producto, una modificación, un envase, etc. Y disponer en muy pocas horas de la reacción de los consumidores.

»Por supuesto, este sistema es ideal para todas aquellas empresas que utilizan el canal de ventas de internet, además, por supuesto, de los tradicionales o no, ya que nos permite realizar numerosos cambios con unos costes muy reducidos y podemos apreciar el número de visitas a nuestra página, ventas, apariciones en las búsquedas, etc. en tiempos muy reducidos, ya que se puede saber en cuestión de horas los resultados de esos cambios.

—Pero, para eso, ¿habrá que tener importantes herramientas tecnológicas y un equipo de expertos? —dijo otro de los asistentes.

—No necesariamente, ya que existen muchas empresas que ofrecen diversas tecnologías en código abierto e incluso Google ofrece de forma gratuita su metodología de optimización con herramientas que todos podemos utilizar.

»Debemos utilizar internet como una manera de interactuar con los clientes —actuales y potenciales—, que lo podemos hacer por medio de cuestionarios sobre productos con potencial y no solo en un sentido —el nuestro—, sino una interactuación que permita no solo publicar nuestras ideas, sino también las que proponen los demás, las propuestas de modificaciones y, por supuesto, las críticas.

»Tenemos que procurar conseguir la mejor calidad de las ideas, dividiéndolos si es necesario en subsegmentos de productos y procurando dinamizarlo, dando así la sensación de que la empresa escucha sus aportaciones.

»Una de las formas de captación de ideas suele ser el establecimiento de un premio a «la mejor idea sobre…» con una dotación económica que no tiene por qué ser importante para que sea atrayente —incluso se puede tratar de un viaje, entradas a espectáculos…—.

»Analice si la página web de su empresa está utilizando todos los recursos e implante el hábito de una experimentación activa a fin de optimizar su utilización. Seguramente, ahorrará tiempo y dinero.

»No cabe duda de que estamos cambiando la cultura empresarial y adoptando nuevos métodos que, de hecho, están cambiando los paradigmas de forma muy rápida.

»Quería hacer una reflexión final sobre los procesos de desarrollo de nuevos productos y la investigación de mercado correspondiente, y es que estos procesos no pueden ni deben finalizar con el lanzamiento del producto al mercado, sino que exige que durante un tiempo, generalmente largo, es preciso hacer un seguimiento del mismo a fin de proceder con la mayor rapidez posible a las eventuales modificaciones en su composición, fabricación, envase, diseño, plan de *marketing*… si observamos que los resultados no son los previstos en nuestro plan de *marketing*.

»Muchas gracias por su asistencia e interés, y a partir de mañana continuaré en la labor de investigación de mercado en cada una de las cuatro empresas seleccionadas del polígono, para ir avanzando en nuestro programa de modernización.

6. Metodología del *design thinking*

ETAPAS DEL *DESIGN THINKING*

—Ya vimos la semana anterior un pequeño avance sobre lo que es el *design thinking*, pero esta semana vamos a profundizar un poco más en esta técnica que considero muy importante para el desarrollo de nuevos productos y, consecuentemente, para el objetivo que nos hemos planteado con estas sesiones.

»Las ideas iniciales del *design thinking* las definió Tim Brown (IDEO) en su libro *Change by Design: How Design Thinking Transforms Organitations an Inspires Innovation*.

»Hay muchas definiciones sobre este método, pero, como resumen, podríamos decir que es una metodología que permite descubrir las necesidades del cliente y satisfacerlas mediante productos o servicios innovadores.

»Se trata de diseñar experiencias que nos permitan la creación o modificación de nuestros productos o servicios, así como las mejores formas de resolver problemas e innovar para que nuestra empresa se conecte más y mejor con nuestros clientes para posicionarnos mejor preparados para el futuro.

»Esta focalización en el cliente nos exige un pensamiento totalmente centrado en ellos, para lo que tenemos que conocer lo mejor posible el pulso y necesidades del mercado, canalizarlas y actuar en consecuencia.

»Antes de comenzar, debemos tener muy claro en qué aspecto se quiere innovar, es decir, nuestro desafío, que definirá dónde debemos poner el foco de nuestros esfuerzos para permitirnos racionalizar los resultados.

»Nuestro sistema de desarrollo de proyectos innovadores, con actitud colaborativa con clientes, proveedores y distribuidores, se basa en determinar qué objetivos vamos a plantearnos en este proyecto, crear el equipo, definir sus actividades y, muy importante, seleccionar adecuadamente a los participantes.

»En primer lugar, tenemos que crear un clima de confianza dentro del equipo que hemos creado, haciendo que se sientan libres para expresar las opiniones sinceras sobre los diversos temas a tratar sin coacciones de ningún tipo.

»Para iniciar el trabajo con todos los componentes del equipo, podemos entrenarles con una sesión de introducción observando fotos, vídeos y otro material gráfico del producto o servicio actual para observar bajo la óptica de un cliente potencial a los consumidores o clientes potenciales, analizando e interpretando toda la documentación disponible.

»Es un paso importante para entender la metodología del *design thinking*.

—Es muy interesante, pero, ¿nos podría concretar esos pasos que hay que seguir para llevar a efecto esta metodología del *design thinking*?

—Efectivamente. Vamos a centrar esta sesión en los pasos concretos que se deben llevar a efecto para un mejor aprovechamiento de esta técnica, en la que abordaremos el ciclo completo de la innovación. Son cinco fases:

- EMPATÍA. Entender la realidad de los clientes.
- DEFINICIÓN de las áreas de oportunidad.

- IDEACIÓN. Generar ideas y combinarlas.
- PROTOTIPAR. Crear los prototipos correspondientes.
- TESTAR en los mercados para valorar resultados.

»Bueno pues vamos a desarrollar un poco cada una de estas cinco fases.

EMPATÍA. *Entender la realidad de los clientes*

—La empatía es sencillamente la comprensión de la otra persona, para lo que nos debemos acercar al consumidor, entender sus necesidades y preferencias.

»Lo primero que tenemos que hacer es investigar para conocer en sus justos términos qué problema es el que queremos resolver a través de las herramientas más adecuadas para su desarrollo, como entrevistas cualitativas y cuantitativas, encuestas, observación directa, etc.

»Tenemos que entender los problemas, necesidades y deseos de los consumidores, con independencia, en estos momentos, de las características de nuestro producto o servicio, lo que implica una clara interacción con las personas, interpretando las singularidades que proponen para posibilitar la generación de prototipos de modificación de nuestros productos o la creación de nuevos.

»Durante este proceso, debemos apoyarnos en un amplio contenido visual e, incluso, atrevernos a trabajar en modelos simples con materiales sencillos, como papeles de diversos colores, pegamentos, cámaras fotográficas… que nos permitan visualizar un posible prototipo que, con seguridad, dará lugar a diversas interpretaciones que potenciarán la imaginación creativa.

»Si hemos conformado un equipo multidisciplinar de formaciones y puestos de trabajo diferentes, conseguiremos mejores y más variados puntos de vista, fomentando la curiosidad y la observación, sin prejuicios y potenciando el hecho de perder el miedo a que se equivoquen, de manera tal que precisamente consigamos ver en los errores las mejores oportunidades que nos permitan encontrar la solución.

»Con la recopilación de todos los datos que vayamos encontrando debemos crear un «mapa» como herramienta de organización, subrayando las palabras o frases que nos hayan aportado los consumidores que nos parezcan más significativas y que nos ayuden a identificar sus creencias y comportamientos.

»Es importante que tengamos en cuenta en las aportaciones de los consumidores no solo lo que expresan, sino estar muy pendientes de su lenguaje no verbal e, incluso, observar atentamente las posibles contradicciones en las que caigan, ya que todo esto ayuda a identificar sus necesidades y, de esa manera, perfilar mejor la solución más idónea para el cliente.

»Tenemos que intentar ponernos en el lugar del consumidor y sentir con él todos los pasos que nos indique del uso del producto. De esa manera, fomentaremos la sintonía con el usuario y entenderemos mejor su realidad.

»Nuestro objetivo en esta fase es incrementar en lo posible la observación, identificando aspectos que deberán ser contrastados con el usuario en una transición de lo concreto a lo emocional.

»Reiteraremos siempre que esta fase del proceso se centra en personas y grupos, , y debemos enfocarnos en el acercamiento al cliente, comprendiendo sus necesidades, sus preferencias, prestando la máxima atención no solo a la información que nos proporcionan, sino, y especialmente, a esas ideas inusuales, creativas, no frecuentes, sorprendentes, críticas o, sencillamente, interesantes que con seguridad nos van a aportar aspectos fundamentales para un nuevo diseño del producto eficaz e innovador.

»Para conseguir buenos resultados, es básico la definición del guion de la entrevista, bien definidos sus temas, eliminando los redundantes, con aspectos racionales pero enfocados a la acción... Es un aspecto interesante que trataremos con más amplitud más adelante.

»Debemos potenciar en las interpretaciones de las características definidas por los consumidores la sensación de todos los sentidos y que nos permitan centrarnos en imaginar la transformación que debería tener nuestro producto en otro que tenga las características, gustos y creencias definidas por los consumidores; visualizarlas e intentar plasmarlas en una representación gráfica (dibujo).

»A continuación, con esa imagen vamos a valorar qué es lo que más o menos le gustaría al consumidor en función de sus aportaciones, sus aspectos estéticos, colores... En definitiva, qué es lo que más le gusta, qué cambiaría y centrarnos en su percepción con todos los sentidos y las emociones que provoca.

DEFINICIÓN *de las áreas de oportunidad*

—En esta fase sintetizaremos toda la información que hemos ido recopilando en la anterior fase de «empatizar», quedándonos con los datos más importantes para conseguir nuestro objetivo.

»Es importante que en este paso participen aquellos profesionales que hayan participado en los trabajos de campo junto con los miembros del equipo que hemos formado.

»En el mapa de consumidores al que hacíamos referencia anteriormente, señalaremos las conexiones entre los diferentes usuarios, identificando a las personas para estructurar la definición de las funcionalidades del producto final a desarrollar.

»Buscaremos la información más objetiva posible y averiguaremos en qué están influenciados los usuarios, sobre todo, mediante la observación. No cabe duda de que sería de gran interés poder observar a un usuario del producto o servicio sin que sepa que está siendo observado, ya que de esta manera evaluaremos con más efectividad sus reacciones sinceras e, igualmente, las reacciones de los diferentes miembros del equipo ante sus actos.

»En la mayoría de las ocasiones, cuando tratamos de resolver aspectos de diseño, típicamente se lleva a efecto para:

- Crear productos o servicios innovadores para abrir nuevos mercados o incrementar la oferta en nuestro mercado actual.
- Para mejorar la experiencia de usuario.
- Aumentar el volumen de negocio con los clientes actuales.
- Para rediseñar nuevos procesos de trabajo.
- Hacer innovaciones en el modelo de negocio de la compañía.

»Evidentemente, antes de empezar a innovar tenemos que tener muy claro en qué se pretende innovar, lo que nos llevará a focalizar nuestros esfuerzos para racionalizar los resultados y conseguir definir bien lo que pretendemos.

»Con ello optimizaremos los resultados, obteniendo respuestas concretas al desafío bien definido, encaminadas a conseguir propuestas diferenciales en la creación de los productos o servicios innovadores.

»Por supuesto que una mala definición hará que todo el proyecto vaya mal; por lo tanto, se hace necesario redefinir el problema inicial tantas veces como sea preciso hasta conseguir una definición concreta del problema a fin de orientar el proceso creativo en la dirección correcta.

»Se utilizan varios métodos para el desarrollo de esta fase, pero lo importante es definir el problema en base a las necesidades contrastadas de los usuarios y las modificaciones por ellos señaladas, identificando esos elementos y combinándolos de diversas maneras.

»Conviene hacer un listado para determinar si la definición que hemos hecho del problema es concreta y completa, para lo que debemos hacernos algunas preguntas, por ejemplo:

- ¿Cuál es la clave del problema?
- ¿Qué enfoque principal debe adoptar el equipo?
- ¿Existen problemas técnicos para su desarrollo?
- ¿Está la definición basada en las necesidades del usuario?
- ¿La formulación está realmente basada en la información aportada por los usuarios, debidamente ponderada o es, simplemente, la consecuencia de una serie de entrevistas?
- ¿A quién le importa el problema y su solución?
- ¿Qué valor añadido va a aportar y a quiénes?

IDEACIÓN. *Generar ideas y combinarlas*

—Entramos en la fase en que hay que ir evaluando las soluciones a los problemas que nos hemos planteado, mediante un proceso interactivo que nos aproxime a la mejor solución.

»Lo someteremos a un proceso de gestión de la incertidumbre y lo señalaremos no como una clasificación de las ideas, sino con una actitud de mejora permanente del diseño, ya que de momento no es el final del proceso, sino acciones de implementación de las aportaciones de las ideas.

»Debemos priorizar ahora la cantidad de ideas sobre su calidad, y no debemos buscar de momento una sola respuesta, ya que según el lugar y el momento pueden coexistir varias soluciones. El proceso trata de pasar del pensamiento divergente —con multitud de opciones— hacia el pensamiento convergente —elegir opciones—, hasta llegar al concepto respecto al que tenemos que trabajar.

»En la generación de ideas lo importante es entender muy bien cuál es el problema que pretendemos resolver, pensando en que lo que estamos haciendo es observar y analizar el problema y sus posibles soluciones; aún no estamos hablando de innovación.

»La forma de abordar esta fase es evaluar las posibles soluciones que vayan apareciendo a los problemas planteados de manera lo más interactiva posible, acercándonos progresivamente a la mejor solución mediante un proceso de gestión de la incertidumbre con una actitud permanente de revisión, dando lugar a nuevas acciones.

»Es muy útil apoyarnos en comunidades virtuales, que nos permite trabajar con muchas personas simultáneamente y se suele hacer publicando la idea en la plataforma, de modo que todos los participantes de la red puedan valorarlo. Con ello conseguiremos un número importante de aprobación de unas pocas ideas, que son en las que nos vamos a centrar a fin de llegar a la solución del problema, desarrollando así las ideas más potentes en una especie de cocreación.

»Intentaremos descubrir, sobre todo, esos aspectos poco evidentes del consumidor, su forma de pensar, sentir o actuar en su decisión de compra con el fin de seleccionar las ideas que estén en la línea de transformarlos en la oportunidad de crear el nuevo producto o servicio.

»Deberíamos percibir en las diferentes participaciones de los consumidores por qué no responden a la campaña publicitaria de nuestro producto como a nosotros nos gustaría, por qué prefiere el producto de la competencia, etc. A veces, ni ellos conscientemente lo saben, por lo que debemos interpretarlo de sus respuestas verbales y no verbales para conseguir nuestro objetivo de ofrecerles el producto adecuado en el segmento correcto.

»Entender esto supondrá para nuestra empresa una ventaja fundamental para crear la estrategia y plan de *marketing* más adecuado para nuestro cliente potencial y poder segmentar mejor a nuestros clientes, permitiéndonos crear una estrategia específica para cada segmento.

»También trataremos de identificar quiénes son nuestros clientes y qué piensan de nuestra marca, para así poder relacionarnos mejor con ellos y poder generar experiencias de compra con las que el cliente se identifique mejor.

»Y no olvidemos que otra de las aportaciones que necesitas es conocer cuáles son los canales de venta que ellos prefieren, así como cuándo, con qué frecuencia acuden a ellos y por qué visita ese centro, con el fin de atraerlos, convertirlos en clientes potenciales y fidelizarlos.

PROTOTIPAR. Crear los prototipos correspondientes

—Ha llegado el momento de crear un prototipo del producto o servicio que hayamos pensado como más idóneo aplicando la inteligencia espacial, con el fin de darle un primer aspecto físico que, naturalmente, iremos modificando y experimentando varias veces en función de los puntos débiles que vayamos percibiendo para mejorarlo permanentemente.

»Es una fase muy importante porque al dar forma al producto lo podemos «sentir» mejor y con todos los sentidos, porque la comunicación visual es mucho más eficaz que las descripciones escritas del producto y, consecuentemente, nos ayuda a mejorar o generar ideas y encontrar la solución.

»Si tenemos vena artística, a veces se consiguen prototipos muy buenos con plastilina, cartón, papel… Con ello se comunica mejor y conseguiremos mejorar el diseño, introducir mejoras con rapidez, validando el concepto y realizando ensayos, mediante *roll play* con usuarios, simulaciones, etc.

»Con estos datos vamos a crear un mapa mental que nos ayudará a mejorar la idea y sus conexiones con sus usos, favoreciendo la fluidez de nuevas ideas, situando en el centro del mapa los aspectos más importantes y, de forma ramificada, el resto de aspectos relacionados con la posible solución, muchas veces difíciles de explicar.

»Como resultado, intentaremos darle de nuevo forma con los datos obtenidos, y ya es posible obtener un prototipo mediante una impresora 3D y/o aplicaciones de vídeo que expliquen el nuevo producto y sus usos, para poder mostrárselo al consumidor sin una explicación previa para analizar cómo interactúa respecto al producto.

TESTAR en los mercados para valorar resultados

—Es la fase de validación de las ideas que hemos considerado más idóneas, para constatar lo antes posible si debemos rechazarlas por inviables o inútiles, y, para ello, nada mejor que exponer nuestro prototipo, mostrando nuestras mejores dotes de curiosidad, observando atentamente y preguntando a los clientes para poder aprender de lo que nos digan y lo que hagan.

»En esta última fase, lanzaremos al mercado el producto o servicio que hemos previamente diseñado en un proceso de gestión del cambio tras la planificación, implementación y revisión del proceso de diseño.

—¿Suponemos que esta metodología puede ser utilizada para la resolución de muchos tipos de problemas no solo empresariales, sino políticos, económicos y sociales?

—Efectivamente. Esta metodología es aplicable a numerosas situaciones en que queramos mejorar cualquier aspecto si estamos dispuestos a cambiar. Para ilustrar otros posibles usos, además de los aspectos de innovación empresarial, que es de lo que estamos tratando estas semanas, vamos a analizar su posible uso en la comunidad tanto de este polígono industrial como en el ayuntamiento del pueblo e, incluso, en el gobierno del país.

—A mí me parece estupendo que dediquemos un tiempo a arreglar el país.

—Bueno, la verdad es que no llegaremos a tanto, pero vamos a esbozar unas ideas y luego cada uno, haciendo uso de su responsabilidad ciudadana, que lo aplique como quiera o pueda.

»Lo que debíamos conseguir con esta metodología es la búsqueda permanente de mejora de la situación de los ciudadanos en todos sus ámbitos, de manera que cada persona, cualquiera que sea su estatus, pueda aportar sus ideas susceptibles de hacer cambios en la situación de su entorno.

»Para ello, probablemente tengamos que cambiar de mentalidad, desprendiéndonos de los roles convencionales de cada uno de nosotros, huyendo de las creencias actuales para dar paso a nuevas formas de convivencia o manera de resolver los problemas de todos.

»Tenemos que adoptar una nueva mentalidad para convivir con el cambio y estar a gusto con él, logrando entre todos una, como hemos llamado, cocreación de una nueva situación, de aceptar la ambigüedad, fomentando la empatía para crear procesos dinámicos en el entorno al que nos refiramos en cada momento.

»Si nos habituamos a esta participación ciudadana, ofreceremos valor añadido a la convivencia basado en una mentalidad de cambio constante, con la seguridad de que las acciones que se diseñen de esta manera posibilitarán una transformación social real.

»Los problemas sociales son muy complejos y no puede ser solo el trabajo del Ayuntamiento, sino que cada ciudadano debe adoptar el rol que le corresponde, sea un político, un médico, un empresario, un cantante, una madre o, simplemente, un ciudadano cualquiera; todos debemos prestarnos a aplicar una nueva perspectiva que contribuya a la solución de los problemas del municipio, con soluciones innovadoras.

»Tenemos que fomentar la idea de que todos podemos aportar algo, en la seguridad de que las medidas que adopte el Ayuntamiento, teniendo en cuenta esta participación ciudadana, estarán mejor preparadas para hacer los cambios de manera tal que tengan un impacto social positivo.

»En todo caso, para una buena gobernanza a cualquier nivel de la Administración, sería necesario contar con una serie de pruebas con el respaldo de las opiniones de los ciudadanos, contando con su participación en la definición de los problemas reales —no los que se inventan los políticos, a veces—, en sus soluciones y decisiones que configurarán un diseño ajustado a la realidad, a las que está obligado el sector público.

»Debemos convertir las decisiones de la sociedad civil en políticas públicas, dando solución a los problemas y rediseñando los servicios públicos, aprovechando, precisamente, la inteligencia colectiva.

»Con seguridad de que con esa mentalidad centrada en las personas, los servicios que se creen a partir de sus opiniones y las soluciones a las verdaderas necesidades de los ciudadanos, tendríamos una vida mejor a todos los niveles.

7. Lenguaje visual

—El uso del lenguaje visual tiene como objetivo traducir los pensamientos e ideas en imágenes que recojan la esencia del mensaje que queremos transmitir y que, al mismo tiempo, nos sirva para organizar mejor nuestros pensamientos de manera que logremos la mayor efectividad posible en su trasmisión, mejorando consecuentemente la información global escrita.

»La imagen que transmitamos no va a ser casi nunca un dibujo que muestre la realidad, que siempre es interpretable, sino que transmita lo mejor posible las características e ideas para que sean entendidas.

»Este lenguaje cambiará posiblemente nuestro hábito para dar más importancia a las cualidades del hemisferio derecho del cerebro, por lo que generará mayor creatividad, valoración de los sentimientos, así como las habilidades espaciales y visuales sobre la izquierda, que recoge la lógica, el razonamiento y el orden.

»Desde muy pequeños sabemos dibujar y, sin embargo, el escribir o hablar es algo que hemos tenido que aprender para utilizar a modo de tabla de conversión mediante caracteres o sonidos que reflejan un objeto, animal o persona, para poder comunicarnos con los demás, exponiéndoles sentimientos e ideas.

»Muchas veces sentimos limitaciones a la expresión oral o escrita en nuestro propio idioma y, por supuesto, la dificultad aumenta considerablemente si utilizamos otros idiomas no maternos.

»A los hombres prehistóricos nadie les enseñó a dibujar y, sin embargo, sus dibujos en cuevas y piedras transmiten animales, estilo de vida y costumbres de su época.

—¿Cómo podemos mejorar nuestro lenguaje visual?

—Un buen ejercicio para mejorar nuestro lenguaje visual es tomar notas visuales de cualquier situación y compararlas con situaciones similares, perfeccionando su uso y, mucho mejor aún, si podemos estar en contacto con otros usuarios de este lenguaje para compartirlas y mejorar su práctica.

»Para ello, debemos practicar para resumir visualmente en tiempo real —por ejemplo, en una reunión, una conversación…—; si bien es muy posible que, inicialmente, el uso de estos primeros dibujos presentados en una reunión no sean los más adecuados para interactuar con el grupo, pero poco a poco lo iremos logrando y perfeccionando.

»Hay ejecutivos que utilizan en sus reuniones dibujos que tienen como efecto desencadenante una amplia participación del grupo y les motivan de esa forma a ser más creativos y van aportando ideas que modifican el dibujo inicial, ayudando así a la clarificación del problema e, incluso, a su resolución.

»De hecho, este lenguaje visual se está demostrando como una herramienta imprescindible tanto en los sistemas de enseñanza como en la práctica diaria empresarial, entre otros muchos factores debido a que permite conectarse con cualquier persona del mundo, con independencia del idioma.

»También en la dimensión social es muy utilizada, ya que gran parte de la población piensa de modo visual y nos permite interactuar con ellos aunque sean personas con dificultades para la lectura e, incluso, analfabetas.

»Y para mayor abundamiento, retener una imagen es muy superior a recordar los conceptos que enseña, y, además, la idea general es acompañada siempre de sentimientos hacia la idea, por lo que ayudan a entender el contexto de un simple vistazo.

»Además, lo hagamos bien o mal, todos sabemos dibujar, si bien por falta de uso se van perdiendo facultades, pero son fácilmente recuperables, ya que no vamos a pretender hacer dibujos artísticos —si se hacen, mejor—, sino que para el uso de este lenguaje visual podemos hacer, simplemente, figuras geométricas o una combinación de ellas (círculos, cuadrados, triángulos…).

»Con su uso, el esfuerzo inicial a pensar en imágenes nos resultará más cómodo que escribir un largo texto.

8. Diseño de encuestas

—A lo largo de estas semanas hemos tratado sobre la investigación de mercado como uno de los factores importantes para acertar con nuestro producto o servicio en el mercado, y de las entrevistas que había que hacer a los consumidores para conseguir su opinión; y esto, naturalmente, se hace mediante unas encuentras bien preparadas para que los consumidores nos den la mejor información.

»Pero, ¿cómo se consigue que tengamos la mejor encuesta para que la entrevista nos proporcione los mejores resultados?

»Pues es fácil. Es, simplemente, hacer las preguntas correctas y que estén bien estructuradas para obtener el resultado que esperamos.

»Naturalmente, para ello, cuanto mejor esté conformada la encuesta, es evidente que mejores resultados tendremos, y de ello vamos a tratar en la sesión de hoy.

»¿Por qué realizar encuestas para conocer la opinión de nuestros consumidores?:

- Por la precisión de los resultados, ya que bien realizadas se consiguen unos márgenes de error inferiores al 5 %.
- Porque nos permiten clasificar los datos que obtenemos por zonas geográficas, segmento de mercado, niveles de renta, etc.
- Porque conseguimos cuantificar con datos las acciones concretas derivadas de las entrevistas.

»Y como no nos vale un tipo de encuesta para todo, es importante seleccionar el tipo de encuesta que nos interesa según el momento, el tipo de producto o servicio, siendo conscientes de qué tipo de información queremos obtener, ya que ello condicionará el modelo de entrevista.

»Las entrevistas personales se realizan bien en sitios concretos como hogares, lugares de trabajo o, sencillamente, en la calle, incluso en exposiciones o ferias de productos similares.

»Un aspecto importante es decidir si las entrevistas van a ser breves o las queremos más detalladas.

»Decidiremos si pueden ser telefónicas, por correo o mediante formularios que conseguiremos a través de páginas de internet.

»Una vez definidos estos aspectos, vamos a comentar el universo y la muestra.

»El universo es el sector de la población al que nos vamos a dirigir y del que queremos conocer su opinión. Definir bien este universo es fundamental para que los resultados que obtengamos sean los que realmente buscamos. Además, tenemos que decidir si nos interesa que el universo sea grande o pequeño; naturalmente, el tamaño de la muestra condicionará la precisión de los resultados.

»Un aspecto que tenemos que tener en cuenta es la selección de los entrevistados, de forma que todos los que conforman el universo seleccionado deben tener las mismas posibilidades de ser elegidos como muestra, y la manera de conseguirlo es haciendo una selección aleatoria, es decir, una identificación de la muestra.

—¿Supongo que no vale cualquier entrevistador? ¿Cómo los seleccionamos o formamos?

—Es necesario entrenar adecuadamente a los entrevistadores y debemos contrastarlos antes mediante un *roll call* o en vivo, porque si no son adecuados para ese tipo de entrevista no conseguiremos una buena calidad de respuesta de los entrevistados y nos arriesgamos a tener que invalidar después las entrevistas hechas.

»El entrevistador que seleccionemos debe conocer el propósito de cada una de las preguntas, tener buena capacidad de comunicación, que pueda aclarar las preguntas pero no sugerir respuestas, y registrar correctamente las respuestas que le den.

»Es decir, deben seguir la metodología diseñada, evitar influir en la respuesta del entrevistado con comentarios u opiniones al respecto, ser pacientes con ellos y alentarles a responder todas las preguntas.

»Todos los entrevistadores tienen que seguir los mismos procedimientos cuando apliquen la encuesta, ya que, de esta manera, los resultados serán homogéneos y evitarán resultados sesgados.

»Una vez acordado cómo vamos a hacer la encuesta, llega el momento de diseñar el cuestionario, definiendo muy bien, en primer lugar, el alcance de la información que tenemos interés en conseguir, determinar el orden lógico que debemos dar a las preguntas y qué tipo de formato vamos a utilizar, de manera tal que la pregunta que hagamos recoja toda la información necesaria.

»Crearemos una lista de manera que, una vez obtenidas las respuestas, podamos verificar todos los aspectos que nos interesan, y, para ello, debemos conseguir que los entrevistados sean consumidores o potenciales consumidores de nuestro producto. Por ello, tendremos presente:

- Que consuman productos como el nuestro o similares.
- Que conozcan otros productos y/o la empresa que los fabrica o comercializa.
- La cantidad aproximada de consumo de ese tipo de productos.
- Lugares donde los compran, es decir, las redes de distribución.
- Qué expectativas tienen para el producto que les gustaría recibir.
- Qué opinión tienen sobre el precio, o mejor el binomio calidad/precio, de ese producto.
- Calidad de servicios de sus puntos de venta.

»Naturalmente, el perfil de la muestra de los consumidores que vamos a entrevistar lo dividiremos por:

- Género
- Edad
- Nivel educativo
- Nivel ocupacional
- Estado civil
- Etc.

»Comentaremos a continuación el formato de las preguntas que vamos a plantear a los entrevistados:

- **Pregunta de opción única**: es la más básica y fácil, en la que los entrevistados solo tienen que responder un sí o un no.
- **Preguntas de opciones múltiples** pero con una única respuesta, es decir, planteamos al entrevistado varias

opciones de respuestas, de manera que pueda elegir entre las opciones indicadas.

- **Pregunta de opción múltiple con más de una respuesta**, en la que se le ofrecen al entrevistado varias opciones pero que permite más de una respuesta.
- **Preguntas ponderadas**, solicitando al entrevistado que ordene u otorgue un peso específico entre varias respuestas opcionales.
- **Preguntas abiertas**, en las que se pide al entrevistado que indique, por ejemplo, qué le gustaría más de un producto como el nuestro o similar.

»Y una última consideración sobre el número de preguntas que debe contener la encuesta ideal: cuando se trata de entrevistas telefónicas no deben superar treinta preguntas, cifra que se podría elevar incluso hasta cincuenta si la entrevista se realizara tranquilamente sentados en un entorno agradable.

»Si precisáramos mucha más información, lo más efectivo es diseñar dos encuestas porque, aunque tenga un mayor coste, lograremos una información mucho más precisa, puesto que si en una encuesta hay demasiadas preguntas se cansa y aburre a los entrevistados, que o bien no completan el cuestionario, o finalmente la información que proporcionan se va haciendo más imprecisa a medida que pasa el tiempo y se aburren.

»Conviene realizar una prueba inicial a modo de entrevista piloto, porque con seguridad identificaremos dificultades que surgirán al plantear las preguntas, por ejemplo: si tienen un orden lógico, si se entienden las preguntas fácilmente, si el tiempo que se tarda en completar el cuestionario es correcto y si afectará a una pregunta la respuesta a una posterior; esto nos ayudará a identificar los problemas que surjan y corregirlos antes de iniciar las entrevistas reales.

»Terminada la labor de campo de realización de las entrevistas, llega el momento de validar los resultados obtenidos y que debe llevarse a efecto, por supuesto, por personas diferentes a los entrevistadores.

»En la fase de validación, se aprecian en muchas ocasiones problemas derivados de que algunas veces el entrevistador no ha realizado algunas entrevistas, o ha completado él el cuestionario que no ha terminado el entrevistado, o cualquier otro problema de realización de la entrevista que, por supuesto, lleva a invalidar esos cuestionarios.

»Con los cuestionarios completos y mediante el *software* correspondiente (estadístico o comercial) procesaremos los datos, codificándolos e introduciéndolos en el sistema de información para que genere los resultados y tablas necesarios para interpretar correctamente la situación y generar los informes correspondientes.

»Lo que genera más problemas es el tratamiento de las preguntas abiertas, ya que hay que agruparlas por contestaciones similares y a cada uno de estos grupos asignarles un código, por lo que el codificador debe interpretar correctamente las respuestas para poder codificarlas correctamente.

»El resultado debe mostrar la frecuencia y el porcentaje para cada respuesta, y cómo se distribuyen por los conceptos preguntados. El analista identifica los datos que permiten generar estadísticas de promedio y dispersión, incluyendo información acerca de la relación o ausencia de relación entre los datos utilizados en las tablas y gráficas que permitan unas conclusiones a través de los datos obtenidos en la encuesta.

»Si hemos realizado bien la encuesta, llegaremos a unas conclusiones correctas que nos permitirán adoptar las decisiones más adecuadas para diseñar nuestro nuevo producto o servicio.

9. La voz del cliente (*voice of customer*)

—Esta semana vamos a tratar un tema importante para nuestro éxito, que radica en cómo podemos captar la voz del cliente.

»Como ya hemos visto hasta ahora, la información sobre el cliente la obtenemos mediante entrevistas, pero también debemos hacerlo analizando los registros de ventas, las devoluciones de producto, tanto por parte de los clientes como de los distribuidores, sugerencias, quejas y la observación directa, que ordenaremos en una lista, por ejemplo, de más a menos importancia y reflejaremos con las diversas herramientas que hemos comentado y mediante diagramas de afinidad, diagramas de árbol, de flujo, etc.

»En todo caso, debemos centrarnos en reflejar rigurosamente los datos obtenidos del cliente para conseguir los datos más relevantes sobre sus necesidades y expectativas.

»¿Y cómo formular las preguntas más adecuadas para conseguir la mejor información? Vamos a ver algunas posibilidades:

- Razones de la satisfacción o insatisfacción que genera el producto o la empresa.
- Qué prestaciones del producto esperan.
- Qué no les gusta del producto.
- Que nos describan el producto ideal.
- Qué expectativas tienen del producto.

»Y si se trata de servicios, podríamos añadir preguntas del tipo:

-¿Quién está utilizando el servicio?
-¿Qué otros clientes podrían utilizarlo?
-¿Dónde se solicita el servicio?
-¿En qué otros sitios se podría solicitar?
-¿Para qué se utiliza el servicio?
-¿Para qué otras situaciones se podría utilizar?
-¿Para qué precisan el servicio?

»Es importante conocer la opinión de nuestros consumidores y, por supuesto, de los consumidores potenciales con cierta frecuencia, ya que estamos en un entorno de rápidas transformaciones de costumbres y gustos, un nuevo estilo que condiciona la evolución humana y social.

»Tenemos que entender los cambios, en ocasiones radicales, que se producen y las consecuencias sociales, económicas e incluso políticas, así como aspectos culturales que se están modificando con el uso de internet, aportando conocimientos y ofreciendo amplias posibilidades de investigación en aspectos de información y comunicación.

»Esta dinámica, que sucede en internet día a día, se ha convertido en un cúmulo de rumores en la red, pero nos posibilita un estudio sistemático y un análisis con las interrelaciones e interacciones que permiten conocer costumbres, prácticas habituales, aficiones que comparten e intereses en productos o servicios.

»Sin olvidar las comunidades virtuales en las que se comparten datos y propuestas que establecen lazos emocionales entre ellos, ya que supone una magnífica base para cualquier método de investigación.

»Internet nos enriquece en aspectos de innovación e, incluso, mejoramiento social, dada la participación activa de los internautas, y nos permite ver cómo se va transformando nuestra vida diaria y cómo está cambiando, tanto en general como por diferentes segmentos, permitiéndonos investigar el comportamiento del consumidor expresado a través de las comunidades virtuales.

»Es posible conseguir buenos resultados de este tipo de investigación en línea y el análisis cualitativo y cuantitativo, ya que el ciberespacio nos permite enfoques de innovación, promoviendo métodos activos y participativos, analizando los mensajes que nos aportan información valiosa, sobre todo por el gran tamaño de la muestra.

»Es por todos conocido que internet evoluciona permanentemente y que, utilizado convenientemente, nos permite rastrear foros, chats, grupos de noticias, etc. que nos permiten conocer lo que piensan los consumidores sobre todo lo relacionado con nuestro producto o nuestra empresa, posibilitando disponer de sus opiniones y actitudes al respecto.

»Debemos participar en estas redes como miembros de las comunidades o foros, a ser posible de manera anónima, cuidando sus símbolos, códigos lingüísticos y éticos, conformando escenas parecidas a las demás en cuanto a términos y conceptos, para mejorar nuestra comunicación y sacar las conclusiones más adecuadas.

»En todo caso, evitaremos engaños y malas prácticas, pero estaremos muy pendientes de todo lo que se registra, ya que a pesar de que a veces hay opiniones engañosas, en general la mayor parte de los internautas expresan sus opiniones libres y sinceras amparados por su anonimato, lo que garantiza la validez de sus respuestas de una manera mucho más natural que en una entrevista cara a cara.

»En las comunidades virtuales participan diferentes tipos de miembros, como ocurre en la vida real. Y dentro de ellos destaca el de los líderes de opinión, que son visitantes habituales de la comunidad; otros acceden de forma esporádica y, naturalmente, hay algunos que solo buscan información puntual y que no suelen participar activamente en ninguna de las actividades propuestas por la comunidad.

»Es momento de recordar para qué utilizamos internet, además de lo que hemos tratado de las comunidades virtuales. Veamos algunos aspectos:

- Probar nuevos productos o servicios.
- Conocer la opinión de los consumidores respecto a nuestros productos y/o nuestra empresa.
- Defectos a corregir en nuestro producto.
- Conocimiento en tiempo real de los patrones de consumo de nuestro producto.
- Tendencias en la comercialización del producto.

»Volvemos de nuevo a las comunidades virtuales, en las que hemos decidido integrarnos y donde trataremos a los miembros de las mismas casi como a socios en la promoción y distribución de nuestros productos, conociendo las actividades de sus miembros-consumidores, ya que en demasiadas ocasiones se han convertido en jueces que condenan o salvan a un producto o servicio, según sus comentarios en la red.

»Por ello, se hace imprescindible conocer las características prácticas y opiniones reiteradas de los consumidores de estas comunidades virtuales y obtener de ellos qué piensan respecto a todos los temas que puedan afectar a nuestro plan de *marketing*, tanto de desplazamiento de la idea de globalización como distorsiones que se producen en los mercados locales, y, en general, lo que nos hemos acostumbrado a llamar cibercultura, que, por supuesto, va a influir de manera determinante en nuestro *cibermarketing*.

»El *cibermarketing* no es que nos vaya a modificar mucho el aspecto general del *marketing* que hemos venido exponiendo, pero vamos a ver algunos pasos a seguir.

»En primer lugar, cuando vamos a iniciar el estudio de un producto, prepararemos una lista de las comunidades virtuales y foros para realizar la recogida automática de datos. Inicialmente, buscaremos todos los foros y comunidades virtuales que de una u otra manera estén relacionados con el producto, sus usos, propiedades, etc., para a continuación hacer una selección mediante los filtros que deseemos —por ejemplo, nivel de actividad de los grupos— para reducirlo a un número manejable de foros o comunidades, aunque debe ser lo suficientemente amplio para que los datos finales que obtengamos sean representativos de la población total del segmento elegido.

»El seguimiento de estos datos lo haremos durante un tiempo suficiente para asegurarnos de la validez y credibilidad de las opiniones (suele estar en torno a dos, tres meses), y se realiza mediante servidores dedicados que rastreen las comunidades virtuales varias veces al día y almacenen los datos. Obviamente, se filtrarán los mensajes de manera que se almacenen solo aquellos que sean útiles; esto se lleva a cabo mediante selección de palabras, conceptos o sinónimos relacionados con el producto.

»Y, por último, llega la fase de interpretación humana de los datos recogidos automáticamente, clasificando los comentarios por las opciones que hayamos establecido, llegando a la conclusión global, estadísticas importantes e informe de las conclusiones del estudio.

»Con ello conseguiremos conocer la opinión de los consumidores, que nos permitirá determinar la conveniencia o no de lanzarlo al mercado y/o qué mejoras requiere el producto para que sea el que necesita el mercado y sus consumidores.

»La metodología es sencilla, aunque sería conveniente conocer los pasos a seguir:

- Definir el objeto del estudio, objetivo a conseguir y referido a un producto o servicio determinado.
- Definir los parámetros a utilizar en función de las características susceptibles de comentarios en la red respecto al producto.
- Buscar las comunidades virtuales que sean más relevantes a efectos de la muestra, es decir, definiremos el universo.
- Diseñaremos las consultas que se pueden hacer tanto para el carácter automático o semiautomático de captación de opiniones en las comunidades virtuales.
- Evaluaremos los componentes según sus atributos, elaborando un panel con las características y contactos que definan bien el producto.
- Y concretar qué queremos que contenga el informe final.

»¿Y qué errores más frecuentes se suelen cometer?:

- Errores ortográficos que pueden deformar de manera importante los resultados en la búsqueda automática.

- Errores semánticos no detectados.
- Errores derivados del tamaño de la muestra que hagan peligrar la confianza en los resultados bajando del 95 %.

»Es importante la eliminación de los errores, ya sea por la mala comprensión de la pregunta, la falta de sinceridad en la respuesta o que facilite el «no sabe, no contesta», debiendo tener todo una secuencia y un orden, que podríamos resumirlo en:

- En primer lugar, hacer una grabación sistemática de las notas, de las opiniones, entrevistas y contenidos de los grupos de discusión.
- Después codificaremos toda la información procesada agrupándola por conceptos similares, ideas, tópicos, etc. Tengan en cuenta que los códigos son etiquetas que agruparán de forma ordenada toda la información recogida durante el período de investigación.
- Separar por temas concretos o estados.

»Realmente, con ellos conseguiremos la opinión del consumidor, analizarla e identificar cada una de las etiquetas o temas relacionados con las características del producto que hayamos definido en la selección al inicio del estudio.

»Los resultados deben inspirarnos para realizar los cambios de diseño del producto, dándole una calidad que satisfaga al consumidor, ya que los requisitos del cliente se convertirán en el diseño tanto en la fase de definición como en elementos de aseguramiento de la calidad en la fase de producción.

»Es decir, con estos datos realizaremos la planificación del producto, el desarrollo del diseño y la planificación del proceso para, finalmente, planificar la producción y fabricación.

»Revisaremos estas fases con un poco más de detalle, empezando por detectar las características que nos llevarían a satisfacer las necesidades del cliente obtenidas en el estudio y establecer un sistema de gestión de calidad para asegurar que las características definidas se han cumplido en todo el proceso.

»Durante la planificación de los productos y su diseño, tenemos que tener presente el conocimiento del consumidor y del producto que hemos conseguido durante la investigación, así como los requisitos de la demanda, con enfoque en la calidad exigida, revisión de las características y diseños alternativos.

»Como hemos visto, la calidad que desea el consumidor se deriva de las expectativas y requerimientos de los clientes actuales y potenciales, para obtener que el producto satisfaga sus expectativas.

»Es ahora el momento de plantearnos una de las partes más importantes del modelo de negocio, el que se refiere a la visión estratégica de nuestros productos, que podríamos clasificarla en:

- **Estrategia de plataforma de producto**. Las variaciones en los productos suele conllevar un coste importante de fabricación, tanto por el equipo adicional que se requiere como por las variaciones a realizar en toda la cadena de suministro, que va desde el coste de inventario de materia prima adicional hasta la carga de servicio y soporte técnico. Este aspecto puede afectar a los ingresos de la empresa tanto de forma directa como por la pérdida de oportunidades.
- No cabe duda de que la diversidad de productos, en general, es clave para el éxito cuando se combinan variedad y eficacia, pero lleva consigo una cierta complejidad que debe gestionarse adecuadamente, controlando

los costes de diseño, mecanizado, generales, etc., para aprovechar las oportunidades de mercado con precios diferenciados para productos muy destacados y/o personalizados.

- Y controlar el riesgo de lanzar el producto al mercado tarde o sin que cumpla con los requisitos demandados por el cliente e incluso que no alcance el suficiente nivel de satisfacción del usuario, lo que nos llevaría a la pérdida de una oportunidad de mercado, y lo que suele ser aún peor es que, posiblemente, facilitaríamos la introducción de un producto de otra empresa, aprovechando nuestro error, con mejor diseño y trabajo de ingeniería.

- **Estrategia tecnológica**. Utilizando bien las tecnologías básicas o la tecnología de última generación. Vamos a ver algunas de ellas:

  - Tecnologías clave: son las que permiten a la empresa diferenciación y buena competitividad del producto.
  - Tecnologías básicas: son conocidas por todos, no ofreciendo por tanto ventajas competitivas, aunque son necesarias para fabricar el producto; por lo general, las tecnologías claves, con el tiempo, se convierten en tecnologías básicas.
  - Tecnologías incipientes: son aquellas que se encuentran en un estado inicial de desarrollo, pero que con suerte pueden llegar a ser tecnologías clave.
  - Y las tecnologías emergentes: son aquellas tecnologías en su inicio de desarrollo, pero que aún se desconoce su posible potencial.

- **Estrategia de mercado.** Definiendo qué producto/s vamos a ofrecer y la amplitud o profundidad de la gama de productos, teniendo como siempre en cuenta:

  - Quiénes son nuestros clientes potenciales.
  - A qué segmento nos dirigimos y cuáles son sus límites.
  - Definir detalladamente los canales de distribución a utilizar para que lleguen de la mejor manera a nuestros consumidores.
  - Repreguntarnos: ¿por qué los consumidores prefieren nuestros productos a los de la competencia?
  - ¿Nos dirigimos a nuevos mercados?
  - ¿Nos dirigimos a nuevas áreas del mercado para vender lo mismo, pero a diferentes personas?
  - ¿Nos dirigimos al mercado local, nacional o extranjero?
  - ¿Vamos a vender a través de nuestra propia fuerza de ventas, a través de canales tradicionales y/o a través de internet?

- **Estrategia de codesarrollo.** Bien con empresas complementarias en el sector, empresas comercializadoras, etc.

»Con estas definiciones podemos valorar en qué situación tecnológica se encuentra nuestra empresa y diagnosticar su posición respecto a la competencia, que nos llevaría a una nueva clasificación, ya que nuestra empresa estaría en una de las siguientes situaciones:

- Liderazgo tecnológico, procurando ser siempre los primeros mediante el uso de tecnologías clave en el sector y protegiendo la tecnología que hayamos desarrollado, mediante las oportunas inscripciones en los registros de la propiedad industrial. Esta posición nos permite obtener una ventaja importante, ya que no tendremos inicialmente competencia y podremos definir sin presiones nuestra política de precios, además de acumular experiencia y hasta incluso podremos llegar a conseguir un estándar. Bien es verdad que también tiene la desventaja de la falta de conocimiento del mercado, los costes de instalación y, en muchas ocasiones, la dificultad de la distribución y localización de la materia prima.

- Seguidor, en la que nos posicionaremos muy cerca del líder pero no siendo los primeros, lo que nos permite disminuir tanto la inversión como el riesgo. Esta situación nos permite mejorar el producto del líder del sector, si bien nos podemos encontrar con barreras de entrada y que se nos requiera incorporar ventajas comparativas con respecto al líder para poder competir.

- Compra de tecnología. Esto nos permite iniciar la producción con rapidez y, en ocasiones, con costes variables por la compra o alquiler de una licencia nacional o extranjera. Habitualmente se realiza mediante transferencia de tecnología bajo licencia que nos permita su utilización inmediata. En este caso, tenemos la ventaja de tener un estándar, ya que existe en el mercado, y debemos tomar la decisión de hacer los procedimientos menos costosos en nuestro sistema productivo, si bien nos encontraremos con el inconveniente de la lucha que se va a producir con los competidores ya existentes.

- Especialización en un nicho concreto, a veces con tecnologías clave e incluso incipientes, lo cual nos diferenciará en ese nicho, aunque sea pequeño, pero muy personalizado.
- Asociarnos con otros, principalmente inversores, para desarrollar nuestra propia tecnología.
- Reconvertir la producción afrontando una reingeniería de la empresa.

»Por otra parte, tenemos que tener en cuenta la importancia de la diversificación de productos, si bien debemos valorarlo convenientemente, ya que a mayor diversificación más difícil conseguir economías de escala; en cualquier caso debemos plantearnos:

- Conveniencia de ampliar o no nuestra cartera de productos y variaciones de los mismos.
- Qué otros productos podríamos incluir en nuestro *portfolio* que utilizaran los mismos canales de distribución —propios o ajenos—.
- Tercerizar (vía *outsourcing)* la comercialización de los productos a través de una empresa de ventas (valorar el riesgo de la pérdida de contacto directo con el consumidor o de tener un solo distribuidor).

»Y, en todo caso, siempre debemos tener un plan B bien definido, que podamos reorientar nuestra estrategia con los elementos correctores que nos vaya indicando el mercado porque, tanto si el consumidor percibe que el producto es idóneo para él pero nuestra empresa no obtiene beneficios como si el cliente no valora bien el producto, hemos fallado en nuestro modelo de negocio.

»Por ello, no está de más revisar si nuestra propuesta de valor transmite lo que realmente queremos en base a las demandas de los consumidores (sin confundir propuesta de valor con el eslogan que expresemos), comprobando cómo transmitimos al mercado nuestros puntos clave. Y, para ello, nada mejor que hacer una lista de los beneficios que le supone al consumidor nuestra propuesta de valor, por ejemplo:

- ¿Les reduce el riesgo?
- ¿Les ahorra costes?
- ¿Qué nos diferencia de la propuesta de la competencia?
- ¿Nuestra propuesta de valor la transmitimos de manera clara, fácil de entender y sin tecnicismos innecesarios?
- ¿Le comunicamos al cliente los beneficios que le aporta nuestro producto?
- ¿Explicamos nuestra diferencia con la competencia?

»Y recordemos: «lo breve, si bueno, dos veces bueno» (Gracián). Entonces, ¿qué elementos requiere una buena comunicación de nuestra propuesta de valor?:

- Un título que describa los beneficios para el consumidor.
- Un subtítulo que incluya detalles, aunque breves, de lo que ofrecemos, a quién y por qué.
- Beneficios y características del producto, resaltando las diferencias a nuestro favor.
- Y un elemento visual —imagen o vídeo— que amplíe el mensaje.

»Ya hemos comentado anteriormente, pero insistimos, que no es conveniente intentar abarcar el mercado global, sin que antes hayamos conseguido captar y fidelizar a los primeros compradores del segmento elegido.

10. Generación de modelos de negocio

MODELO CANVAS

—Vamos a revisar el modelo más conocido de generación de modelos de negocios denominado *canvas*.

»El modelo *The Business Model Canvas* fue creado por Alexander Osterwalder, en el que desarrolla el motivo de por qué para definir un negocio es preciso analizarlo en base a una serie de módulos que reflejen la hoja de ruta que establece la empresa a fin de rentabilizarla, conseguir ingresos y, consecuentemente, beneficios.

»En realidad los cuatro módulos fundamentales son cuatro:

- Consumidores/clientes
- Oferta (propuesta de valor)
- Infraestructuras necesarias
- Viabilidad económica

»Todos los módulos deben ser analizados de una manera holística y con visión global a fin de observar las interconexiones y vínculos de las diferentes variables. No obstante, vamos a comentar todos los módulos.

»El primer bloque son los segmentos de mercado que vamos a trabajar uniendo los diferentes grupos de personas o empresas que pretendamos abarcar, que, para ser efectivos, las agruparemos en segmentos con características comunes en función de sus especificaciones.

»Para ello, debemos pensar qué segmento de mercado vamos a decidir entre:

- Mercado masivo; en este caso, nuestras acciones se dirigen a un mercado masivo sin distinguir entre segmentos de mercados distintos, por lo que nuestra propuesta de valor, tanto hacia los distribuidores como a los consumidores, estará enfocado hacia un grupo grande de clientes con problemas y necesidades similares de forma amplia.
- Nicho de mercado, dirigido a un segmento específico de mercado donde nuestra propuesta de valor debe ser especializada tanto para los canales de distribución como para los clientes, dando respuesta a demandas concretas de este nicho de mercado.
- Segmentos similares, con pequeñas variaciones tanto de necesidades como de problemas, que se afrontarán con pequeñas modificaciones a cada subsegmento.
- Segmentos diversificados, pudiendo abarcar dos o más segmentos no relacionados entre sí.
- Plataforma o mercados multilaterales que sirven a dos segmentos de clientes muy diferenciados (por ejemplo, las tarjetas de crédito que precisan de un mercado de personas que demanden las tarjetas y comercios que las acepten).

»El siguiente bloque es la propuesta de valor que describa el *portfolio* de productos o servicios para un segmento específico.

»Esta propuesta de valor, como hemos venido comentando, suele ser el motivo por el que el consumidor elige a nuestra empresa al entender que satisface una necesidad, ya sea una propuesta innovadora e incluso radical respecto a las que existen en el mercado, o bien una tradicional pero que ofrece al mercado atributos o rasgos diferenciados sobre la competencia.

»Hay propuestas de valor innovadoras que satisfacen necesidades que los clientes potenciales no perciben porque no existía una oferta similar con anterioridad, como han sido los casos de la telefonía móvil, o mejorando las prestaciones, como es el caso frecuente de los ordenadores y hasta incluso la personalización masiva con cocreación de los consumidores (pequeñas modificaciones en el acabado final del producto, por ejemplo, en automóviles, sastrería, etc.) tomando las ventajas de la economía de escala.

»En las propuestas de valor clásicas o tradicionales se trata de ofrecer productos o servicios similares a un precio más reducido (por ejemplo, las compañías de vuelos de bajo coste), cubriendo las necesidades de los clientes sensibles al precio, o, por ejemplo, ofrecer servicios a usuarios que antes no tenían acceso a ellos, como es el caso de los aviones privados, que ahora se abaratan mediante el uso compartido.

»Otro bloque trata de lo referente a la comunicación, es decir, cómo transmitimos al cliente potencial nuestra propuesta de valor, teniendo en cuenta que la comunicación a nuestros canales de distribución y los clientes es fundamental para que nuestro modelo de negocio funcione.

»Tenemos que conocer muy bien a través de qué canales accedemos a nuestro segmento de mercado y procurar su mejor integración consiguiendo la mayor efectividad.

»Y lo mismo tenemos que hacer con nuestra propia fuerza de venta, si la tenemos, canales propios o externos, directos o indirectos, tiendas detallistas y, por supuesto, en nuestra página de internet y tiendas virtuales, en su caso.

»Lo ideal sería encontrar el *mix* perfecto para tener éxito en un segmento de mercado a través de los canales elegidos, que nos permita maximizar las ventas y conseguir la mejor relación con distribuidores y clientes.

»También debemos definir qué es más conveniente para nuestra empresa, si las relaciones con clientes y distribuidores deben ser personales o automatizadas. De hecho, algunas empresas conforman una comunidad virtual, de manera que permiten a los usuarios intercambiar sus opiniones y preguntas ayudándose mutuamente y también con expertos de la empresa que resuelven sus preguntas y usos.

»En definitiva, la comunicación a que nos referimos debe servir para atraer y retener a los clientes.

»Vamos a comentar otro bloque. Se trata de analizar las fuentes de ingresos, es decir, el volumen de negocio que aporta cada segmento de mercado. De hecho, la empresa puede generar una o más fuentes de ingresos según los segmentos de mercado en los que esté presente, implementando mecanismos de precios distintos según segmento (precios fijos, variables según cantidad o tipo de producto, subastas, excesos de *stocks*, ingresos recurrentes por compras continuas, *rappels* por ventas anuales…).

»Dependiendo del producto o servicio, las fuentes de ingresos pueden ser varias y una bastante frecuente es la venta de derechos de propiedad tanto de un producto físico como en el sector mediático respecto a los contenidos, así como por servicios de intermediación realizados en favor de terceros.

»El volumen de actividad de determinados sectores es muy importante, como los correspondientes a los brókeres, agentes inmobiliarios, editores, publicidad, financieros…

»Otro de los bloques se refiere a los recursos necesarios para que funcione el modelo de negocio, de manera que permita a la empresa crear el producto, hacer su propuesta de valor, posicionarse en el mercado, mantener relaciones con el consumidor y generar ingresos.

»Difiere mucho de unos modelos de negocio a otros, ya que los recursos físicos, financieros, intelectuales o humanos que puede requerir una acería difiere sustancialmente de la que requiere un diseñador de *software*, ya que en el primer caso son elevados por la necesidad de edificios, maquinaria, hornos, grúas, etc., mientras que en el segundo la inversión es menor y centrada en derechos de autor, bases de datos, tecnología informática…, es decir, recursos intelectuales.

»El módulo de actividades debe describir los aspectos más importantes que hay que hacer en el negocio, sobre todo las actividades clave —canales de distribución, relaciones con clientes, fuentes de ingresos— y los recursos necesarios para operar y crear la oferta de valor, plataformas o redes de plataformas.

»Llegamos a otro bloque más, y es el que se refiere al de sociedades clave, en las que hay que describir la red de proveedores y socios para afrontar la totalidad de funciones, asignándolas en función de las características de cada uno, y alianzas necesarias para disminuir el riesgo y optimizar el modelo de negocio.

»Es habitual que una empresa no haga todas las fases del producto, por lo que se plantea la asociación de empresas para optimizar la gestión y poder alcanzar economías de escala, lo cual suele reducir costes, además de disminuir el riesgo en un entorno competitivo y cambiante como es el mercado.

»¿Qué tipo de alianzas se puede plantear una empresa al diseñar este modelo de negocio?:

- Alianzas entre empresas no competidoras.
- Alianzas entre competidores.
- Asociación de empresas para llevar a cabo nuevos negocios.
- Relaciones comprador-proveedor para asegurarnos el suministro de materiales.

»Y el último módulo se refiere a la estructura de costes en la que se incluyen todos los que requiere la operativa del negocio, aspecto no muy difícil de identificar conociendo las actividades y recursos claves.

»No es necesario comentar que los costes deben ser minimizados en todas las tareas propias del modelo de negocio, procurando una estructura de costes lo más reducida posible, a veces mediante automatización de los procesos o subcontratación amplia, máxime si pretendemos una propuesta de valor de precio bajo. Naturalmente, en los modelos de negocio, por ejemplo, de lujo, no es tan necesario el ajuste de los costes.

»Tenemos que clasificar los costes en aquellos que se mantienen prácticamente iguales con independencia del volumen de producto (por ejemplo, en plantas de manufacturas), y aquellos en los que tienen una gran importancia los variables (organización de eventos).

»Muchas veces tenemos que plantearnos renunciar a cumplir todos los requisitos que solicitan los clientes en beneficio de ganar en otros aspectos incluido el de rentabilidad.

MÉTODO *LEAN STARTUP*

—Este modelo de negocio está especialmente indicado para las *startups* o *spin-offs*, por lo que conviene que repasemos sus características antes de entrar en el desarrollo del generador de modelos de negocio.

»Una *startup* no tiene por qué estar vinculada con la tecnología, ya que puede ser de cualquier sector; es una empresa provisional creada al objeto de diseñar un modelo de negocio que tiene como característica fundamental que sea escalable y replicable, y que, de hecho, se encuentra en una fase de búsqueda más que de ejecución, por lo que, consecuentemente, no está en la fase de obtención de beneficios.

»Podríamos diferenciar dos fases en su existencia: la primera la definiríamos como: «descubrir, validar y pivotar»; es la fase en la que se dedica a descubrir los clientes potenciales, determinar las hipótesis y validar el problema sin que nos importe modificar una y otra vez el producto, validando las soluciones encontradas.

»La segunda fase es cuando tratamos de «ejecutar, crear y construir» el proyecto pensado y nuestro objetivo debe ser encajar el producto en el mercado; en este sentido habrá que valorar cuál va a ser nuestra propuesta de valor, para lo que tendremos en cuenta lo que hace la competencia, sus canales de distribución, qué diferencia nuestro producto, si tiene o no nuevas funcionalidades, precio… Estas diferenciaciones serán las que conformen la base de nuestro negocio.

»Es muy importante tener presente que el hecho de tener una buena idea, por sí misma, no tiene valor; lo que marca precisamente la diferencia es la ejecución de la misma, ahí radica el éxito.

»Hay que situar al cliente en el centro de nuestro negocio, de manera que tras cada una de las interacciones con él tenemos que mejorar el producto, de forma que en cada una de las fases debemos tener todos los elementos para entender el problema (una buena definición del mismo es una base fundamental), para que, una vez bien definido, seamos capaces de conseguir la solución que satisfaga al cliente de la forma más atractiva y rentable posible.

»Para ello, tenemos que avanzar en tres frentes: crear, medir y aprender; proceso en que el emprendedor será capaz de cambiar de rumbo, incluso de manera brusca, cuando sea preciso en función de las situaciones que se vayan creando. A estos cambios de rumbo vamos a denominarles pivotar.

»Nuestra visión como empresarios-emprendedores debe ser clara, de forma que nos permita disponer de un modelo de negocio, un mapa de productos y conocimiento de la competencia, que serán claves para definir nuestra empresa.

»Un buen emprendedor tiene que ser capaz de saber coordinar esos elementos, cuya importancia irá modificándose a lo largo del proceso para pasar de la idea al producto y mercado.

»Es interesante analizar la resolución de estos problemas mediante el *lean manufacturing*, que surge de los procesos de trabajo de Taiichi Ohno en Toyota.

»Esta línea de pensamiento permite modificar y replantearnos la organización en las cadenas de producción, inicialmente en el sector del automóvil, que pasaría posteriormente a todo tipo de empresas, mediante el diseño del conocimiento del *just-in-time*, control de inventarios y la creatividad de cuantos colaboradores incorporaron a los equipos.

»Tenemos que desarrollar nuestra capacidad de distinguir entre lo que genera valor a nuestros consumidores y lo que no es así —lo que nos llevaría a un derroche de recursos—, y de la misma forma todo lo que no sirva para alcanzar nuestro objetivo tenemos que desecharlo, ya que con eso ahorraremos tiempo y dinero.

»Se trata de conseguir demostraciones empíricas de si hemos encontrado información importante sobre oportunidades de negocio presentes y futuras. Es un sistema más concreto y riguroso que la planificación tradicional y, consecuentemente, una ventaja competitiva con respecto a otros métodos. Y para que sea efectivo vamos a actuar con rapidez, sin esperar a tenerlo todo perfecto y el producto totalmente terminado.

»Vamos a observar uno de los aspectos importantes en la metodología. Se trata del producto mínimo viable (PMV). Cuando llevamos el producto al mercado con el mínimo de las características posibles a fin de conseguir información de los usuarios, así como las métricas que hayamos prefijado.

»Vemos que el conocimiento de las reacciones al producto no se consiguen por la opinión directa del cliente, sino a través de las métricas que hemos prefijado en cada interacción, con las que conseguiremos el conocimiento necesario para modificar y mejorar el producto con el que desarrollaremos un nuevo PMV que lanzar al mercado, con el que continuaremos midiendo y mejorando el producto.

»Tendremos que «pivotar» o cambiar la orientación de nuestras hipótesis iniciales para ir adaptándonos a la solución que están buscando nuestros clientes potenciales.

»Estos cambios que vamos realizando —o pivotajes— nos obligan a modificar la estrategia en busca de una mejora continua, entrando en un bucle, que como comentábamos es: crear–medir–aprender.

»El *lean startup* se basa en una experimentación rápida que nos va a facilitar un resultado barato y del que debemos aprender, sobre todo, de aquellos elementos que nos sirvan para descartar los elementos que no sean necesarios y mejorar aquellos aportados por nuestros clientes potenciales.

»Como no puede ser de otra manera, el *lean startup* está muy vinculado a otras metodologías de generación de modelos de negocio y, muy especialmente, al modelo *canvas*, que hemos desarrollado al inicio de esta sesión.

»El *running lean* nos permite aprender a confirmar que seguimos en la dirección adecuada de la innovación continua que nos hemos planteado y que las métricas sobre lo que piensan nuestros consumidores están en la línea prevista y hemos acertado con los pivotajes (cambios) que hemos ido realizando para conseguir nuestro objetivo.

»Revisando la bibliografía es interesante releer el libro *Open Innovation* del profesor de Harvard Business School Henry Chesbrough, en el que propone un cambio total de paradigma respecto a las estrategias de innovación en todos los estamentos.

»Es un enfoque interesante y simple con relación al sistema tradicional de innovación; veamos las diferencias más importantes:

»En la innovación «tradicional», el equipo de investigación de la empresa tiene como función investigar sobre el conocimiento y la ciencia a fin de descubrir innovaciones que puedan ser incorporados a nuestros productos, o bien concebir uno nuevo, de manera que todos los descubrimientos son propiedad de la empresa (intelectual o industrial), que pasan a ser parte de su activo y los suele explotar de manera cerrada, es decir, intentando rentabilizarlos con las diferenciaciones de sus productos. A esto lo denomina «innovación cerrada».

»Tiene el inconveniente que muchos de los descubrimientos hechos por el equipo de investigación de la empresa no se utilizan por no interesar a su *portfolio* de productos, incluso a su sector, y no ser interesante consecuentemente para su estrategia de mercado. Por lo tanto, algunos de estos descubrimientos se pierden.

»Sin embargo, la «investigación abierta» se muestra mucho más eficaz, ya que se conforma con investigadores tanto de empresas como individuales que, de diversas maneras pero sobre todo a través de internet, hacen públicos sus descubrimientos, por lo que pueden ser compartidos con otros agentes que puedan estar interesados en su explotación.

»Con ello la empresa puede disponer de los avances de la investigación no solo de su equipo de investigación, sino de todo lo investigado por la comunidad investigadora global.

»Evidentemente, la investigación abierta es una buena oportunidad para emprendedores y, más concretamente, para las *startups* y *spin-offs*, principalmente aquellas basadas en tecnologías aplicadas, ya que, tras su debido registro en la propiedad intelectual o industrial correspondiente, pueden explotarlo en un mercado amplísimo.

»Existen muchas maneras de llegar al mercado con estos descubrimientos innovadores, a través de portales de comunidades de interesados de una y otra parte, agrupados por sectores concretos de interés, o bien por ámbitos científicos, como por ejemplo en:

-www.innocentive.es
-www.galacteaplus.es (Comunidad Europea)
-www.innoversia.net (Banco Santander)
-Etc.

»Existe una metodología de creación de *startups* que algunos denominan (desde Steve Blank que la expuso) como «desarrollo de clientes», basada en las técnicas para descubrir el mercado real de una empresa o de un determinado producto, siempre teniendo en el punto de mira al cliente, y a partir de él desarrollar el negocio.

»Lo que enfatiza esta metodología es el aprendizaje continuo mediante un contacto permanente con el cliente y que aconseja llevarlo a la práctica en cuatro fases:

- **Descubrimiento de clientes**. Para ello, hay que salir a la calle y hablar con el mayor número de clientes potenciales posibles e interactuar con ellos para que conozcan nuestro producto, y comprobar si dicho producto o servicio tiene una demanda verdadera en el mercado. No se trata en esta fase de dirigirnos a todo el mercado, sino más bien a un segmento reducido y a esos primeros compradores.
- **Validación de los clientes**. En esta etapa crearemos un mapa de ruta de ventas que especifique el camino a seguir por *marketing* y comercial, que recojan las experiencias creadas en los consumidores. Tras estas dos primeras etapas, estamos en disposición de confirmar que, efectivamente, existe un mercado para nuestro producto y se sabe dónde están los clientes, por lo que ya podemos establecer precio y canales de venta.
- **Creación de clientes**. Lo importante en esta fase es incrementar la demanda del producto o servicio que hemos experimentado y buscar integraciones con sus canales de venta. Ahora es el momento de iniciar una

fuerte campaña de *marketing* y ventas, pues ya está validado el negocio.

- **Construcción de la empresa.** En esta última fase debemos consolidar la organización de la empresa en todas sus áreas *(marketing,* finanzas, legal, producción…), e iremos cambiando un poco el foco desde solo al cliente a definir las tareas de cada departamento, de manera que estemos preparados para una escalada al incrementar nuestro volumen de negocio.

»Tenemos que estar dispuestos a experimentar una y otra vez, planteándonos las estrategias y evaluando las hipótesis que nos habíamos supuesto inicialmente para confirmar si son correctas o nos hemos equivocado, si bien para ello tenemos que tener un tamaño de muestra lo suficientemente significativo, ya que de otra manera los resultados no serán fiables y nos pueden conducir a serios errores.

»Si los datos nos arrojan el resultado de que estábamos equivocados, tenemos que cambiar de inmediato de dirección, ya que de esta forma ahorraremos tiempo y dinero.

»Los experimentos deben ser cortos, sencillos y concretos, y la forma de llevarlos a efecto puede ser a través de concursos, promociones, entrevistas, con o sin incentivos de premios, viajes, etc.

»Para estos experimentos se utilizan sistemas facilitadores, como es el caso del producto mínimo viable (PMV), que nos permite lanzar el producto con las mínimas características posibles, pero que consigamos obtener información importante de los potenciales clientes con los que interactuemos.

»Utilizamos el PMV para tres fines: construir para después medir y, con ello, aprender. Con cada nueva interacción podemos construir un nuevo PMV modificando el anterior o completamente diferente, siguiendo las opiniones de los consumidores.

»Para traducir convenientemente las opiniones de los consumidores, tenemos que utilizar unas hipótesis de partida con las cuestiones que nos interesan, definiendo los indicadores o métricas que nos aporten suficiente información sobre si la hipótesis inicial es la buena para, si no, modificarla.

»Con cada nueva interacción que nos proporcione cada uno de los PMV, tenemos que tomar las decisiones que correspondan en el menor tiempo posible para ratificar nuestras hipótesis, o bien pivotar hacia otras nuevas.

»Como ocurre con casi todas las metodologías, estas también tienen su mantra: *Release early, release often*, es decir, lanzar el producto en cuanto sea posible y, a partir de ese momento, relanzarlo frecuentemente.

»Con el PMV lo que pretendemos es testear las hipótesis anteriores sobre el producto, que nos permita ratificarnos en la idea de que estamos dando solución a un problema existente y que los primeros compradores están dispuestos a pagar por él.

»Veamos algunos de los productos mínimos viables más utilizados:

-Utilizando Adwords que conduzca a los visitantes a una *landing page* en la que se le informa de las características del producto o servicios, procurando conseguir sus datos para nuestra base.

-Características en PowerPoint, en el que expliquemos las características del producto (diferencias, ventajas competitivas, funciones, etc.).

-Características en Vimeo, con las mismas características que lo indicado para el *Powerpoint*.

-Maqueta, haciendo un modelo a escala del producto para que aprecien la usabilidad del mismo.

-Prototipo es una versión artesanal del producto que posteriormente se hará a escala industrial, pero con el que pueda ver el cliente potencial su usabilidad.

-Portada, en la que se presenta solo la fachada del producto final, sin que haya ningún desarrollo hecho todavía.

»El uso de estos PMV es fundamental en el desarrollo de las fases del *lean startup*, si bien tiene varios inconvenientes, como puede ser dar la idea de un producto de menor calidad de la que va a tener el producto real, o que, por ejemplo, no se pueda utilizar para productos o servicios que tengan una complejidad alta.

»Sin embargo, se ha utilizado con éxito en numerosos productos o servicios como, por ejemplo: Dropbox, Groupon, Twitter, Cuadrangular, Spotify…

»Hemos visto alguno de los usos de métricas, pero no he comentado una definición de una métrica, que es sencillamente un parámetro o medida de valoración cuantitativa que utilizamos, en este caso, para medir o hacer seguimiento del rendimiento de una *startup*, es decir, solamente un número que indica que algo ha sido medido en base a unos criterios especificados y que nos resultan válidos para nuestro estudio.

»Un ejemplo claro es el que proporciona Google Analytics, con el que conseguiremos mucha información sobre distintas características de los usuarios de nuestra página web sobre el flujo de visitas que tiene.

»No es conveniente utilizar muchas métricas porque generarían un cuadro de mando confuso por su amplitud y bloquearía la toma de decisiones. Lo importante es disponer de un cuadro de mando que contenga un número limitado de diagramas e informes de métricas muy concretas, que habitualmente denominamos KPIs *(Key Performance Indicators)*, es decir, indicadores clave de rendimiento.

»No es fácil determinar qué métricas son importantes para nuestra empresa, ya que cada modelo de negocio, y hasta incluso cada tipo de producto o servicio, requiere de métricas distintas.

»Por ejemplo, es frecuente en muchas empresas definir la posibilidad de obtener nuevos clientes durante un tiempo determinado mediante un gráfico llamado «embudo de conversión», que refleja todos los clientes captados como respuesta a una campaña de promoción. Este embudo está lleno de agujeros por los que se escapan clientes potenciales, e irán avanzando por el embudo solo los clientes que tienen interés y, por supuesto, capacidad de compra.

»*lean startup*, de hecho, utiliza muchos de los aspectos que ya hemos tratado específicamente en una de nuestras sesiones anteriores de cómo resolver problemas de forma innovadora a través de varias fases o etapas mediante el *design thinking*.

11. El intraemprendedor
(*intrapreneur*)

—Empecemos con alguna definición de lo que significa un emprendimiento dentro de la empresa, que le permite a un empleado (intraemprendedor) generar ventajas competitivas en los productos o servicios de la empresa utilizando los recursos de la misma y cuya explotación y su beneficio correspondiente pertenecen a la compañía.

»La diferencia sustancial entre un emprendedor independiente y un intraemprendedor es que el éxito de este último revierte en la empresa para la que trabaja como empleado, pero que a cambio disfruta de seguridad ante un fracaso; no va a tener que asumir riesgos de costes monetarios, sino que serán soportados por la empresa.

»Un emprendedor es la persona que tiene espíritu de transformación desde dentro o fuera de una empresa; en el primer caso, creando empresa, y en el segundo, las optimizan transformándolas en organizaciones rentables.

»Hay muchas empresas que se están estancando o, simplemente, quedándose obsoletas, que para su supervivencia necesitan innovar, circunstancia propicia para la actividad del intraemprendedor, aunque con frecuencia tienen problemas para facilitarles su actividad y no suelen dejarles libertad para proponer modificaciones de innovación y, consecuentemente, no pueden desarrollar su potencial en la mayoría de los casos por miedo al cambio e inseguridad en los resultados.

»Cuando al intraemprendedor le dan opción de colaboración, inicia un sistema generador de innovación dentro de la empresa con la creación de nuevos productos o servicios que permitirán a la compañía obtener mayores beneficios y crecer.

»Es decir, el intraemprendedor debe ser el inspirador y conductor del cambio, siendo su tipología de lo más variada; veamos algunos ejemplos de la tipología de un intraemprendedor —o emprendedor, que básicamente son muy parecidos (ya veremos sus diferencias sustanciales más adelante)—:

- Intraemprendedor general, que es capaz de transformar y renovar estratégicamente la empresa, reestructurando la organización existente.
- Intraemprendedor que detecta oportunidades de negocio en productos o servicios y crean otra empresa o unidad de negocio dentro de la organización actual.
- Intraemprendedor que hace reestructuraciones radicales en una unidad de negocio, transformándola incluso en su estrategia de negocio.
- Intraemprendedores que crean productos, servicios o procesos distintos de los que tiene actualmente la empresa.

»Vamos a explicar las diferencias entre emprendedores e intraemprendedores, que aunque tienen muchos aspectos en común tienen otros distintos.

»Emprendedor es aquel que funda y pone en marcha su propia empresa y la gestiona, innova sobre uno o varios productos y la desarrolla a su costa y riesgo; sin embargo, el intraemprendedor es también un visionario que incorpora productos o servicios innovadores, pero con los recursos de una empresa o corporación y para mejorar los beneficios de la compañía.

»Habitualmente, los intraemprendedores son personas con una gran iniciativa y perseverancia en la consecución de sus objetivos, focalizándose en los aspectos claves de su idea, luchando por un innovador producto que aporte valor a la empresa, suponiendo para él un logro personal.

»Para potenciar las actividades de los intraemprendedores, las empresas tienen que saber manejar el proceso de *intrapreneuring*, estableciendo un sistema claro y bien definido de las ventajas, que de todo orden van a compensar a los intraemprendedores en función de determinados supuestos.

»Las grandes corporaciones, en su mayor parte multinacionales, suelen tener establecida una cultura que favorece el desarrollo de los intraemprendedores, incluso llegan en algunas ocasiones a premiar los «fracasos productivos» cuando son errores que facilitan alguna enseñanza de cómo hacerlo mejor la vez siguiente, pero sería muy interesante que estas políticas de fomento del emprendimiento se pudieran extrapolar a las pymes, adecuándolas a sus características y tamaño.

»La empresa, para favorecer el intraemprendimiento, debe crear un clima de confianza general en cada uno de sus empleados; tarea nada fácil, ya que para ello hay que delegar (fácil de decir, pero difícil de llevar a la práctica), dejar tomar decisiones —limitadas— sobre posibles variantes del producto o servicio que pueda mejorarse. Esto se consigue con liderazgo en vez del tradicional «ordeno y mando» y, para ello, nada mejor que mejorar la comunicación y el comportamiento de los directivos.

»El eslogan que toman muchas empresas a este respecto es «que innove el empleado que quiera, tiene libertad para hacerlo».

»Los directivos de esas empresas deben tener un control de las experimentaciones para que, sin coartar la creatividad de los empleados, no afecten negativamente a la rentabilidad general de la empresa.

»Así mismo, los empleados tienen que ser conscientes y estar motivados por los beneficios de la experimentación y cómo pueden participar.

»Existen tantas tipologías de emprendedores como circunstancias se presentan en la vida personal y profesional de cada uno de ellos, ya que es distinto el emprendedor que lo hace por necesidad del que lo hace por imagen e incluso por casualidad, si bien todos ellos deben tener cualidades necesarias para emprender con éxito, tales como motivación para emprender y habilidad para detectar la oportunidad.

»Iniciativa, perseverancia y creatividad son cualidades de todos ellos, si bien deben ir acompañadas de capacidad para asumir riesgos, superar con ánimo los errores, pasión por su actividad y gran flexibilidad para adaptarse al entorno en el que operen.

»Encontrar una oportunidad varía en función de si lo que se pretende es satisfacer una necesidad del cliente en el mercado actual o si se trata de crear una nueva necesidad, y en ambos casos si se les presenta por casualidad o se requiere un proceso estructurado racional y analítico.

»Vamos a observar algunas características de los emprendedores en función de sus circunstancias.

- Emprendedor con recursos y que busca rentabilizarlos:
  - Busca la rentabilidad y en todas las oportunidades que se presentan.
  - Tiene cierta aversión al riesgo, por lo que, por lo general, no participa en grandes proyectos.

- Emprendedor con capacidad de influencia:
  - Suele tener prestigio en el sector, lo que le avala para el emprendimiento.
  - Suele ser empresa pequeña y bastante personalista.
  - Tiene absoluta fe en sí mismo y es inasequible al desaliento.

- Emprendedor visionario:
  - Es versátil y puede emprender en cualquier sector.
  - Es vocacional, apasionado y comunica con persuasión.
  - Sin ninguna aversión al riesgo.

- Emprendedor analítico:
  - Es racional, analítico y muy detallista.
  - Es versátil, ya que no suele ser experto en ninguna materia específica, pero sí generalista con capacidad para actuar en diferentes entornos.

- Emprendedor intuitivo:
  - Suele tener fuerte personalidad y sigue sus impulsos.
  - Tiene empatía y sabe escuchar, tiene clara su visión y convence a los demás.
  - Sabe asumir riesgos.

- Emprendedor por necesidad:
  - Lo hace por haber perdido un empleo o cualquier otra circunstancia, que precise obtener recursos, cambiar su situación profesional, económica o buscar otros horizontes.

- Es muy cauto y afronta emprendimientos pequeños —muchos de los cuales son o se hacen autónomos—.
- Es constante y tenaz, consiguiendo en muchas ocasiones su forma de vida.
- Es consciente del valor del esfuerzo personal y lo que supone el trabajo para su desarrollo.

- Emprendedor por casualidad:
  - Suele tener «olfato» para detectar qué es lo que quiere el mercado.
  - Se adapta con facilidad a los cambios.
  - Aprovecha los contratiempos.

- Emprendedor técnico:
  - Detecta dónde se comenten errores y encuentra la forma de resolverlos.
  - Suele ser muy individualista, pero es capaz de cooperar si cree que lo necesita para alcanzar el éxito.

»Como comentaba antes, las pymes deben aprovechar ese potencial de sus empleados como lo hacen las corporaciones multinacionales, porque precisan de la innovación, para lo que tienen que crear un ambiente propicio con el que conseguir tanto mejorar los procesos como la productividad.

»Generalmente, en estas empresas, no muy dotadas de capital, suelen ser hábiles en la creación pero, desgraciadamente, lentos para implementarlas, por lo que hay que buscar el equilibrio sostenible, haciendo que los intraemprendedores consigan equilibrar su creatividad con la realidad de sus responsabilidades.

»La dirección debe diseñar un sistema de incentivos para premiar y retener a sus empleados más capaces y poner sus ideas en acción, comunicando con honestidad los sistemas de retribución por éxito (dinerario y no dinerario), y también los incentivos en la mejora de la productividad que se consiga.

»Guy Kawasaki resume los diez puntos que considera que debe tener un plan de emprendimiento:

1. Tener claro el problema a resolver sobre un producto o de otro que sea de nueva creación.
2. Qué soluciones tiene para resolver el problema.
3. Adoptar el modelo de negocio que mejor se adapte a él y al producto.
4. Tecnología aplicable a la solución del problema.
5. Formas de comunicar y vender su producto al mercado.
6. Conocer la competencia.
7. Si lo puede hacer él solo o precisa de colaboradores.
8. Proyectar su negocio a corto y medio plazo y sus fases.
9. Cronograma de trabajo.
10. Acción y acción.

»El mismo autor define la regla 10/20/30 para la presentación ante la empresa, los bancos o inversores de la idea emprendedora que va a afrontar:

- Presentar no más de 10 transparencias.
- 20 minutos máximo de presentación.
- 30 puntos fuertes del proyecto; estos puntos los tenemos que tener en las transparencias presentadas.

»El emprendedor tiene que tener buena capacidad para tomar decisiones a lo largo del proceso emprendedor. Algunas de ellas serán:

-Decidir si debe asociarse con alguien y decidir quién, elemento este fundamental, ya que potenciará o hundirá el proyecto.

-Establecer el equilibrio de fuerzas adecuado a la empresa, que no tiene por qué ser el mismo para todos los que participen, en función de las responsabilidades asignadas, el dinero aportado, etc.

-No aceptar cualquier condición de los socios financieros, ya que en ocasiones son difíciles de cumplir por suponer una carga inasumible. En este apartado, conviene contemplar la posibilidad de contar con inversores como Venture Capital y Business Angel, que pueden aportar soluciones imaginativas.

»Y ahora a trabajar. Llega la fase de ponerse manos a la obra y, por lo tanto, tenemos que hacer frente a nuevos aspectos como:

- Organizar el trabajo a realizar por cada una de las personas que vayan a intervenir en el emprendimiento, mediante listas de tareas y asignándolas a las personas elegidas, priorizándolas.
- Organizar la utilización de los teléfonos móviles y el correo electrónico; ambos son imprescindibles para el trabajo, pero debe organizarse con eficacia, ya que de otra manera son susceptibles de pérdidas de tiempo e ineficiencias.

- Diseñar una política clara para la utilización de las redes sociales, que deben promocionar nuestra actividad empresarial.
- Fijar tiempo para las imprescindibles reuniones con nuestros colaboradores, proveedores, etc., evitando pérdidas de tiempo, para lo que conviene de manera previa comunicar los objetivos de la misma, temas a tratar y tiempo disponible.

»Esto es más o menos un principio de organización, pero también tenemos que diseñar el día a día del emprendedor, en el que tendrá que repartir su tiempo entre las diferentes tareas: selección y adestramiento del personal; tareas administrativas y fiscales —engorrosas pero imprescindibles—; funciones comerciales, financieras y de producción, y sin olvidar la participación en asociaciones y grupos sociales.

»Aspecto importante es mantener la ilusión y la motivación tanto del emprendedor como la del equipo que haya designado. Recordemos la Pirámide de Maslow, ya que la innovación requiere de una motivación alta, que nos indica cómo una vez cubiertas nuestras necesidades básicas van apareciendo otras de niveles superiores, sin olvidar que todos los miembros del equipo tienen necesidades de autorrealización.

»Convendría, antes de iniciar, plantearnos si tenemos la idea ya madura o sigue siendo solo una inquietud. Para ello, hagámonos algunas preguntas:

- ¿Cuál es realmente el producto que quiero sacar al mercado?
- ¿Qué nombre le voy a poner?
- ¿Cómo la voy a poner en marcha?

- ¿Qué recursos necesito?
- ¿Cuándo la voy a poner en marcha?
- Si necesito un equipo, ¿qué características debe tener?
- ¿En qué lugar lo voy a desarrollar?

»Si ya tiene contestación positiva a todas estas cuestiones, el emprendedor valida la maduración de la idea y está en condiciones de empezar la actividad empresarial. Conviene recordar lo que expresaba el profesor de la escuela de negocios de Harvard, Michael Porter, respecto a las estrategias a seguir:

- Liderazgo en costes, ofreciendo el producto o servicio a un precio inferior al de la competencia.
- Diferenciación, que los clientes lo perciban como «exclusivo», que se consigue bien con un producto o servicio único en el mercado con esas características, o ser el de mayor calidad de todos los que ofrece la competencia.

»Vuelvo a destacar la importancia de los intraemprendedores para el mercado en general y que no solo es aquella persona que tiene una idea y la lleva a efecto, sino aquella que formula una nueva idea y la implementa consiguiendo una realidad beneficiosa para la empresa, si no se quedaría simplemente en un propósito.

»El intraemprendedor tiene una idea y conoce los recursos y circunstancias de la empresa para que el producto sea más atractivo para sus clientes, y cómo pueden reaccionar a estas innovaciones para conseguir llevar la idea a la acción de la manera más eficaz y rentable para la empresa.

»Aprenden a superar sus errores y, por supuesto, a controlar el riesgo, y logran provocar que los cambios sucedan.

»Hay muchos emprendedores que prefieren ser intraemprendedores dentro de una empresa, ya que esta le puede ofrecer conocimiento y rápido acceso al mercado, además de una base de tecnología necesaria, equipo (mano de obra cualificada), información y muchos de los recursos que como emprendedor independiente tal vez no podría aspirar y, consecuentemente, no podría llevar a cabo la idea.

»La empresa a su vez, además de una política razonable de incentivos, tiene que potenciar la cultura de emprendimiento, otorgando como señalábamos antes libertad para que los intraemprendedores puedan desplegar todo su potencial.

»Señalaremos algunos de los factores que conforman un ambiente propicio para la actividad emprendedora en una empresa: autoselección, que la gente pueda organizar su trabajo, facilidad para el uso de los recursos de la empresa, cierta tolerancia al riesgo, músculo financiero y equipos funcionales cruzados.

»En ese entorno se facilita la actividad emprendedora consiguiendo bien una nueva empresa, un desarrollo de una *joint venture* o proyectos colaborativos para el lanzamiento de nuevos productos o servicios, nuevos procesos o nuevas unidades de negocio.

»A lo largo de estos dos decenios largos del siglo XXI, el sistema productivo ha ido dando mayor importancia a la cultura emprendedora dentro de las empresas, constatándose importantes innovaciones tanto radicales como incrementales.

»En casi todos los medios de comunicación se tratan casos de intraemprendedores en compañías multinacionales que han incorporado diversos sistemas de emprendimientos corporativos orientados al desarrollo de innovaciones radicales o incrementales, incluso en las estrategias de la empresa, creando en muchos casos empresas asociadas de reconocido éxito; tal es el caso de General Electric, Toshiba, Coca Cola, Ford, Telefónica, Johnson & Johnson, y un largo etcétera.

»Por eso ha evolucionado mucho el concepto, convirtiéndolo en un proceso muy atractivo para el progreso empresarial.

»Al igual que el emprendimiento en general, el intraemprendimiento está experimentando un crecimiento y reconocimiento empresarial global, que apreciamos en la numerosa bibliografía al respecto desde artículos técnicos e informes, como de divulgación.

»Conviene conocer que existe un fondo que invierte en empresas emprendedoras denominado Entrepreneur Shares Global Fund, que valora para su participación en ellas características tales como:

- Que identifiquen bien las oportunidades de negocio.
- Que el emprendedor mantenga una parte de la propiedad.
- Que los costes operativos estén muy controlados y no sean altos.
- Que la rentabilidad esté por encima de la media.
- Que tenga un crecimiento sostenible.
- Que su deuda esté controlada y no sea excesiva.
- Que participen en asociaciones de diversos tipos.
- Que tengan o hayan valorado determinadas alianzas estratégicas para su desarrollo.
- Que hayan valorado y cuantificado la posibilidad del uso de licencias.
- Que tengan baja rotación de empleados.
- Que tengan un alto margen de *cash flow* operacional.

»De hecho, este fondo considera que si se da una cultura emprendedora en la empresa es más fácil que triunfen que aquellas que no lo tienen bien estructurado, teniendo además dos aspectos que valorar de manera destacada, como el hecho de que no se limiten a criterios burocráticos clásicos y el mantenimiento de sus costes empresariales en niveles moderados, con deuda baja y cartera de desarrollo de proyectos.

»Finalmente, podría citar el interés de algunos estudios recientes sobre la identificación de buenas prácticas en los procesos de intraemprendimiento, que podríamos resumir en:

- Sistemas de gestión para iniciativas arriesgadas.
- Política clara en los sistemas de compensación al intraemprendedor.
- Limitar, según la capacidad de cada empresa, el número de proyectos de emprendimiento.
- Sistema de otorgamiento de autonomía del intraemprendedor, pero limitada en términos lógicos.

»Y hay una consideración, que se refleja en casi todos los estudios, y es que los sindicatos —de cualquier tipo— no es lógico que tengan intervención alguna en las políticas de innovación de la empresa.

12. Proceso de transferencia tecnológica institucional europea

—Como me han sugerido en el Ministerio, a propuesta de vuestro interés en el tema, vamos a comentar en esta sesión sobre lo que entendemos como transferencia de tecnología (conocimiento) que, observándolo desde uno de los aspectos que podemos ver en todos los estados europeos, es una relación entre las universidades de cada uno de los sistemas educativos y las empresas de su entorno.

»Muchas de las instituciones educativas son generadoras de investigaciones básicas que pueden ser utilizadas por las empresas, que aprovechan esta innovación para mejorar su competitividad y generar productos y servicios en beneficio de la sociedad.

»Uno de los retos primeros a afrontar es el lenguaje, ya que la terminología de los que conforman el entorno de la universidad (académico), difiere del leguaje de los componentes de las empresas (empresarial).

»A ello han ayudado mucho las oficinas de transferencia de las investigaciones (OTRI), que trasladaban la demanda real de las empresas para ganar en efectividad y que resultaron ser una buena manera de que las universidades realizaran servicios de I+D por encargo de las empresas para resolver necesidades concretas.

»Posteriormente, con mayor o menor éxito, surgieron los centros tecnológicos —los parques tecnológicos que conocen, ya que tienen uno próximo—, los parques científicos, los viveros de empresas —muchos de ellos de base tecnológica—, los centros de empresa, centros de innovación, laboratorios de homologación, las plataformas tecnológicas, centros de patentes y, en general, todos ellos garantizando la titularidad de las investigaciones en los términos de propiedad intelectual o industrial como garantía.

»El modelo clásico de investigación universitaria ha sido hasta hace poco tiempo un modelo lineal, naciendo de la investigación básica, investigación aplicada y desarrollo tecnológico, y que pocas veces llegaba al proceso de comercialización y posicionamiento en el mercado del producto o servicio novedoso investigado.

»Fue posteriormente cuando se percibió que la complejidad de los sistemas de innovación precisaban otros modelos, que se han ido adoptando. Uno de ellos, por su sencillez, es el de la «triple hélice», que hace converger la cooperación entre la investigación universitaria básica, las empresas (sistema productivo) y la Administración Pública, que mediante sus relaciones han logrado mejorar el crecimiento económico a través de esa transferencia del conocimiento y la tecnología.

»Es de destacar la importancia de algunos *clusters* importantes en los nuevos modelos regionales de desarrollo, que actúan como foco de atención de inversionistas y creación de nuevas empresas globales de base tecnológica.

»Bien gestionados se configuran como estructuras de transferencias para zonas geográficas donde se concentran empresas, como en zonas industriales, centros de excelencia, campus universitarios, etc., para fomentar a través de subvenciones, incentivos fiscales, exenciones… e incrementar la competitividad empresarial y, por ende, la economía de la zona.

»Si bien con carácter general, estas son las estructuras habituales en la transferencia de tecnología entre los sistemas educativos de cada país con sus empresas, existen diferencias que son interesantes contrastar, principalmente en la zona europea (incluida Gran Bretaña, con independencia de la separación de la Unión Europea).

»Así, el **modelo anglosajón**, probablemente, es el que mayor experiencia acumulada tiene en la transferencia de tecnología y divide sus actividades en dos niveles, siendo el primero de ellos el que denominan Research Collaborative Office (destacadas las universidades de Oxford y Cambridge), que son sus departamentos de investigación dependientes de la estructura de la universidad y que se encargan de la negociación de proyectos y su contratación, incluidas las que convoca la Unión Europea en sus Programas Marco.

»La segunda actividad se encarga de la gestión académica de las investigaciones con la denominación de Oficina de Transferencia de la Tecnología (TTO por sus siglas en inglés), administra los registros en los correspondientes de la propiedad intelectual o industrial.

»En algunos casos, como es el de la universidad de Oxford, se creó para esta segunda actividad una empresa independiente de la universidad (ISIS Innovation Ltd), pero controlándola a través de su consejo de administración, y que sus objetivos son:

- Gestionar la protección de la propiedad intelectual y/o industrial de sus investigaciones.
- Comercialización de los resultados de la investigación, mediante licencias u otras cesiones.
- Asesorar a investigadores en los sistemas de protección y comercialización de los resultados de la I+D.

»Estas TTO aseguran a sus investigadores, y en consecuencia a las propias universidades —que serán las titulares de los derechos—, para que perciban el rendimiento financiero que se consiga con la comercialización de sus investigaciones, debidamente registradas, de forma que los ingresos netos obtenidos se dividen entre el investigador, el departamento al que pertenece y la propia universidad.

»Una figura de interés es el programa University Challenge Fund, con el que se conceden ayudas a los investigadores como capital semilla de la universidad para la creación de empresas de base tecnológica.

»Otra figura de interés de este modelo anglosajón es el University Entrepreneurship Centre, creado para fomentar la actividad emprendedora en el entorno universitario y el asesoramiento a la comunidad universitaria.

»Otro de los modelos es el nórdico constituido por Suecia y Finlandia, que han basado sus investigaciones inicialmente en las materias primas y productos manufacturados, pasando posteriormente hacia una economía con alto valor añadido basada en las nuevas tecnologías, dada la presencia en sus territorios de varias multinacionales, sobre todo en Suecia, a pesar de que Finlandia está más desarrollada tecnológicamente.

»En Suecia, se hizo obligatorio para las universidades remitir al Ministerio de Educación un plan estratégico de acciones con la sociedad, como la aportación de proyectos de investigación, tesis doctorales realizadas en el entorno empresarial y/o laboratorios de trabajo conjunto con empresas.

»Así mismo, se han introducido fórmulas de comercialización de las investigaciones y se creó la Technology Bridging Foundation, que gestiona los procesos de registro y facilita el capital-riesgo.

»El **modelo mediterráneo** del que forman parte España, Italia y Francia (este país es el más avanzado, con diferencia), se caracteriza por tener estructuras de investigación centralizadas, tales como CSIC en España, CNR en Italia y CNRS en Francia, que aunque en los últimos años se está mejorando, no se producen muchas transferencias de tecnología.

»Como consecuencia de los diferentes potenciales de investigación, entre otros factores por la inversión que realizan, el registro de patentes está liderado por Francia, seguida de Italia y después España. Los centros de transferencia de tecnología (OTT) están generalmente adscritos a cada una de las universidades, con baja estructura e insuficiente comercialización de las investigaciones.

»Es de destacar el sistema francés, que invierte en investigación porcentajes próximos al 3 % de su PIB, cifra ya importante, pero además con una característica destacada, ya que en torno al 1 % corresponde al sector público y el 2 % lo aporta el sector privado; esto posibilita que Francia tenga una importante plantilla de investigadores, de los que prácticamente el 50 % está en el sector privado.

»El incremento de la colaboración de organismos públicos y privados, sistemas de financiación y presupuestos de I+D se recoge en la ley sobre la innovación y la investigación, que está dando muy buenos resultados.

»Vistas las características de los diferentes modelos, volvemos a características generales de la transferencia de tecnología de los sistemas educativos al tejido empresarial, destacando los siguientes aspectos de interés práctico para su desarrollo: contratos, patentes y licencias.

»En general, las OTT suelen encargarse de la gestión de los contratos de asesoramiento e investigación, bien directamente o, según su importancia, a través de las OTRIS o las oficinas de enlace universidad-empresa.

»Las OTRIS tienen como función atender a los derechos de los investigadores de la universidad mediante los correspondientes registros de la propiedad intelectual o industrial, si bien consideramos que sería mucho más efectivo centralizar la gestión en un solo organismo a nivel estatal que valorara y comercializara el conjunto.

»Otro aspecto muy importante, pero poco llevado a la práctica, de momento, salvo excepciones puntuales en las pymes, sería potenciar la movilidad de los recursos humanos en investigación de las universidades a las pequeñas y medianas empresas, incorporando doctores y tecnólogos de la universidad a las empresas, bien con dedicación parcial o total, canalizando de esa manera el flujo de conocimiento.

»Se debe potenciar la red de Plataformas Tecnológicas a nivel estatal, organizando su coordinación, reglamentos de uso, sistemas de calidad, formación, costes…, así como contratos-programas para periodos de uso frecuente.

»Por supuesto, los incentivos fiscales pueden jugar un papel importante si se diseñan para fomentar la inversión y potenciar la creación de nuevas empresas que aprovechen las investigaciones.

»Tal vez uno de los aspectos que más ha proliferado ha sido la creación de empresas de base tecnológica que, procedentes de la investigación en la universidad, han generado *spin-off* para la explotación empresarial, basado en el conocimiento universitario.

»Parece necesario, y entendemos que la tendencia va en esa línea, la creación de unas macroestructuras de comercialización de las investigaciones generadas en las distintas universidades, agrupaciones de redes o alianzas públicas y privadas, a fin de conseguir una masa crítica que pueda ser competitiva y que podría tener una buena estructura de técnicos especializados, agrupando proyectos potencialmente comercializables hacia todo tipo de empresas.

»Es interesante estudiar en esa línea de macroestructuras casos como el grupo SINTEF en Noruega, y hacer un seguimiento de STEINBEIS en el estado de Baden Wurttemberg, cuyo objetivo es el fomento de la innovación de las pymes.

»Hemos mencionado en varias ocasiones a las OTRIS, y conviene ampliar cuál es su conformación y justificación, ya que su razón de ser es la creación de una estructura creada desde la universidad para gestionar las investigaciones generadas en su entorno de manera profesionalizada.

»Por ello, su objetivo social es la mediación entre la universidad y las empresas u organizaciones públicas o privadas, que puedan beneficiarse y rentabilizar el conocimiento y la tecnología investigados tras su registro en las correspondientes oficinas de patentes y marcas.

»Esa era su actividad principal en los inicios, si bien actualmente muchas de sus actividades están enfocadas a proyectos europeos, gestión de subvenciones de las varias que hay a nivel europeo, estatal, regional y local, que tengan un componente de difusión tecnológica.

»La figura de la OTRI es la que se encarga de gestionar los recursos de la investigación pública con los agentes externos (empresas u organismos), y realiza la gestión económica, es decir, integra la investigación y los resultados para obtener recursos en el proceso.

»Para ello, debe conocer la demanda de productos y servicios a fin de dinamizar la oferta no solo a través de las *spinoffs*, sino orientando investigaciones, con especial interés en los convenios con empresas en aspectos como la asesoría y la gestión de proyectos.

»En aspectos concretos realiza proyectos de PROFIT o CDTI, así como proyectos regionales y acciones de cooperación tecnológica con las empresas, realizando alianzas estratégicas con centros de investigación mixtos y parques tecnológicos y científicos.

»Así mismo, algunas OTRIS realizan actividades conjuntas con otras universidades en áreas como los viveros de empresas, cogestión de propiedad intelectual, acciones en capital semilla, etc., esforzándose por profesionalizar estos servicios de intermediación.

»También se están creando unidades de gestión mixtos (por ejemplo, laboratorios), bien directamente con empresas, o mediante la creación de *spin-off* o *joint venture* con otras organizaciones, habitualmente con un apoyo técnico proporcionado a través de una plataforma tecnológica, interrelacionando la universidad con los parques tecnológicos.

»Esta situación, que aporta indudables beneficios a ambas partes, debe tener definidos de manera previa quién/quiénes van a ser los titulares de los derechos de propiedad intelectual o industrial sobre las investigaciones que se realizan y cuantificar los costes de las estructuras de ambos (universidad y empresa).

»Ampliaremos lo ya comentado y conocido de los parques tecnológicos, que se encajaron en las políticas estructurales del sistema nacional de innovación, constituyéndose en elementos de desarrollo industrial y económico de la región donde se establecían, incorporando a las empresas industriales puestos de trabajo especializados en tecnologías para conseguir competitividad y crecimiento económico.

»Distinguiremos los parques tecnológicos de los científicos, ya que en los primeros priman las actividades de producción, mientras en los segundos tiene la universidad una mayor implicación en el supuesto marco de la nueva economía basada en el conocimiento. Estos parques científicos están generando buenos resultados en entornos complejos como es el caso de la biomedicina o la biotecnología.

»Ello ha dado paso a un nuevo modelo que se denomina parques científico/tecnológicos, cuya justificación es potenciar y gestionar el conocimiento y la tecnología de manera conjunta entre universidades, investigadores, empresas u organismos y los mercados, impulsando para ello la constitución y expansión de empresas innovadoras.

»Como se puede comprobar, estas figuras han cambiado sustancialmente el concepto de lo que conocíamos como polígonos industriales.

»Analizamos ahora los Centros de Innovación y Tecnología (CIT), que apoyan la capacidad de innovación principalmente de las pymes, transfiriéndoles nuevos conocimientos a empresas sectoriales, aliviando así los costes, inasumibles para muchas de estas empresas, en las operaciones de investigación y desarrollo propios o contratados.

»En España, estos CIT se crearon en base al Real Decreto 2609/1996, definiéndolos como entidades sin fines de lucro, incorporados posteriormente al Plan Nacional de Investigación y que, en general, son de reducidas dimensiones y actúan habitualmente con una estructura público-privada, en un entorno geográfico pequeño y normalmente con autofinanciación, ya que presta servicios a casi todas las empresas del pequeño conjunto.

»Sus actividades principales, mediante subcontratación de las empresas próximas, se refieren a prestación de servicios tecnológicos, contratos de investigación, transferencia de tecnología, asesoramiento técnico, calidad, certificaciones, etc.

»Podríamos definir a estos centros tecnológicos como colaboradores de las pymes en los aspectos, principalmente, de transferencia de tecnología, haciendo de intermediarios entre la universidad y esas empresas, lo que potencia su grado de innovación.

»Los viveros de empresas iniciaron su andadura a través de la American Research Development (ARD) en el año 1946, pasando a Europa con el proyecto Cambridge Science Park, limitándose inicialmente a ayudar en la creación de nuevas empresas y apoyándolas posteriormente en su etapa de crecimiento y estabilización.

»Actualmente, ya podríamos definirlas como estructuras intermediarias para potenciar la creación de empresas y ofrecerles contenido tecnológico, espacios y servicios comunes con el objetivo de reducir costes y apoyar a los emprendedores a pasar de la idea a la implementación de la misma hasta su introducción en el mercado, dándoles soporte y acompañamiento empresarial hasta su consolidación.

»A nivel europeo, la Comisión de las Comunidades Europeas, creó los Centros Europeos de Empresas e Innovación con la idea de fomentar la creación de empresas vinculadas a las nuevas tecnologías. Desde su creación, crecimiento y consolidación mediante servicios prestados por promotores y gestores que proporcionaban el soporte técnico y con instalaciones físicas donde llevar a cabo la instalación de la nueva empresa (centros tales como CEEIS, BIC, ANCES y otros), hasta su consolidación en el mercado.

»Ahora un vivero de empresas presta asistencia empresarial mediante servicios de valor añadido. Algunos de ellos están especializados en acortar el período de tiempo entre la idea y su posicionamiento en el mercado, que denominamos aceleradora de empresas, y sus servicios van desde la elaboración del proyecto, *business plan*, localización de financiación y consultoría en diversos grados y niveles.

»Y otros que, aprovechando las nuevas tecnologías, conforman redes entre emprendedores e inversores, de manera que los que forman parte de este vivero virtual, además de obtener una asistencia como la de los viveros de empresa tradicionales aunque de manera virtual, pueden localizar socios, inversores o consultores especializados a través de la red con más facilidad que en entornos físicos.

»Existen también redes de empresas y *clusters* que posibilitan la creación de pequeñas empresas de base tecnológica, que se denominan *venture networks* y que ofrecen espacios físicos, redes de financiación, soportes tecnológicos clave y facilitan contactos con posibles socios, e incluso proveedores y/o clientes, entre las mismas empresas del *cluster* o de la red de empresas.

13. Tendencias de la investigación científica en un próximo futuro

Antes de dar por finalizado el programa en el polígono industrial, nos sugirió el alcalde que, para cerrar la actividad, los miembros del comité directivo de la zona industrial habían solicitado la posibilidad de que el Ministerio les pudiera informar de las innovaciones científicas que se estaban desarrollando para un próximo futuro. Por lo que María solicitó al secretario de Estado que el director general de Investigación impartiera una sesión en el salón de plenos del ayuntamiento, no solo para los que habían participado en las jornadas, sino para todo aquel que pudiera estar interesado, ya que, efectivamente, suponía una forma de lo más idónea de cerrar el programa.

El secretario de Estado se mostró encantado con la idea, tanto por la oportunidad de poder comunicar las actividades que coordinaban con la industria privada como por el interés que el sector empresarial estaba demostrando por las acciones del Ministerio. Media hora antes de las 10 de la mañana del día señalado para la conferencia, ya estaba el salón del ayuntamiento lleno, por lo que dispusieron unas pantallas y equipo de sonido para que pudieran seguirlo las personas que no pudieron ingresar en el recinto.

María acompañaba a Javier, director general de Investigación del Ministerio, que se sorprendió por la preparación del salón, ya que estaba dispuesto como para las grandes ocasiones; una mesa presidencial en la que estaban, además de ellos dos, el alcalde, el delegado del Gobierno, dos alcaldes de municipios cercanos, el presidente de la confederación de empresarios y representantes de dos de los más importantes sindicatos.

Inició el acto el alcalde que, tras dar las gracias al Ministerio por la gran labor que habían desarrollado con las empresas del polígono industrial del municipio, había quedado muy satisfecho con los resultados que ya eran tangibles, y especialmente a María por su dedicación y apoyo. Comentó la importancia de estar informados de las tendencias de la innovación y presentó al director general de Innovación, agradeciéndole su presencia y la información que iba a desarrollar sobre los posibles logros científicos en un próximo futuro.

Javier, con gran formación técnica y humana, tenía una característica importante que le distinguía de otros ponentes, y era que, además de su profesionalidad, sabía comunicar de una forma amena, lo cual garantizaba el éxito de la jornada. Comenzó diciéndoles que todos, no solo los científicos, estábamos leyendo en los medios de comunicación y ya nos resultaban familiares siglas y nombres, prácticamente desconocidos hace unos años, tal es el caso de COVID, ARN mensajero, etc., así como GPT3, CREW DRAGON, CHANGE-5…, y otros muchos, pero en ocasiones no comprendíamos muy bien de qué se trata y las aportaciones que pueden hacer a la sociedad y, en consecuencia, para cada uno de nosotros.

—Veremos alguno de ellos hoy a fin de conocerlos un poco mejor. Empezaremos por uno que muchas veces nos ha parecido de ciencia ficción para los aficionados a la astronomía cuando nos contaban las maravillas del Hubble; pues ahora ya tiene sucesor, se trata del James Web, un telescopio espacial con un espejo de seis metros, de precisión absoluta, que será situado fuera de la atmósfera terrestre y que nos va a permitir tomar imágenes de planetas externos a nuestro sistema solar y podremos conocer cómo se forman las estrellas y que esperamos pueda lanzarse tras varios aplazamientos.

»La NASA va a intentar con la nave DART desviar asteroides que pudieran estrellarse contra la Tierra produciendo daños catastróficos, si bien, a pesar de los malos augurios de muchos y las numerosas veces tratadas estas situaciones en películas de ciencia ficción con resultados aterradores en los que se destruyen ciudades e incluso el planeta en su conjunto, es muy poco probable que en decenas de años esto pudiera ocurrir. Pero lo cierto es que con esta nave se va a intentar desviar de su órbita a esos asteroides en el caso de que se estimara que ese impacto sobre la Tierra fuera previsible. DART se moverá a una velocidad en torno a solo 20 kilómetros por hora y está previsto que pueda mover asteroides de dimensiones de 160 metros de diámetro, desviándoles de su trayectoria y pudiendo detectarse su acción desde telescopios terrestres.

»Otro de los descubrimientos científicos que más divulgación ha tenido en los últimos años ha sido el CERN con su enorme colisionador de hadrones (LHC), que en 2012 observó el bosón de Higgs acelerando partículas hasta velocidades muy próximas a la velocidad de la luz, haciéndolas colisionar para observar las partículas subatómicas, pero por determinadas razones se detuvo el proyecto en 2019, y se volverá a poner en marcha para conseguir hitos verdaderamente importantes para la ciencia universal.

»En el entorno empresarial, tal vez uno de los aspectos tecnológicos que más llamaron nuestra atención fue la inteligencia artificial, que esto ya nos suena mucho más a todos, pero que, tras un auge muy importante, en los últimos años parece que se había estancado; pero no es así, ya está comenzando a apreciarse una tendencia creciente de nuevas investigaciones con la Ley Huang. Creemos que en estos momentos se está produciendo un punto de inflexión que, estamos seguros, va a suponer una nueva revolución técnica con mayor potencial y más asequible de las que ya están en funcionamiento en empresas tales como Amazon, Instagram, etc.

»De todos estos hechos científicos, la realidad es que no son muy conocidos por el público en general, siendo utilizados solo por científicos de entornos específicos. Por ello es muy importante el Plan S, que garantiza que la ciencia, pagada en la mayor parte de los casos por fondos públicos directamente o por instituciones —incluidas las universidades— subvencionadas por los estados, sea de pública divulgación en favor de empresas y ciudadanos. Por eso es obligatorio ahora que las investigaciones llevadas a cabo por científicos que hayan recibido fondos públicos puedan ser consultadas de manera gratuita por todos los ciudadanos de los países que se incorporen a este plan, como es el caso de Francia, Reino Unido, Estados Unidos…

»Soy consciente de que, excepto lo referido a la inteligencia artificial, el resto de los aspectos que he comentado, aparte de los contrastes con la ciencia ficción, no les ha parecido de interés empresarial, pero piensen que todas las investigaciones tienen como fin último el conocimiento y la mejora de la sociedad, por lo que se van a ver reflejados de una u otra manera en los productos que fabrican o en los servicios que prestan.

»Además de estas investigaciones de grandes magnitudes, se van a producir otras muchas, tal vez no tan llamativas, pero que van a incidir de manera importante en la forma en que se van a mover los mercados; como ejemplo, aunque no les parezca un hecho muy cercano, es posible que el reactor de fusión nuclear HL-2M Tokamak chino cambie radicalmente los sistemas energéticos. Con este reactor que supondrá una de las mayores obras de ingeniería, prevén obtener energía a través de la fusión nuclear, lo que denominamos vulgarmente el «sol artificial», que revolucionará las energías renovables que actualmente conocemos.

»El HL-2M está situado en la capital de la provincia del suroeste de China de Sichuan, llamada Chengdu, y su funcionamiento es parecido a una cámara de vacío que convierte el gas en plasma y se inicia la fusión mediante calor y presión máximas, pudiendo alcanzar temperaturas de 150 millones de grados centígrados.

»La investigación se inició, como siempre, observando la naturaleza, en este caso las reacciones solares, partiendo del hidrógeno, que no hay que confundir con la energía nuclear que se produce por la fisión (método contrario a la fusión), en que un núcleo pesado se divide en otros más pequeños y que genera residuos radioactivos y, consecuentemente, más inseguros.

»Además de China, están investigando respecto a la fusión nuclear otros países como Francia, con su reactor termonuclear experimental internacional (ITER) en el que participan, además de la Unión Europea, Estados Unidos, India, Japón, Corea del Sur, Rusia y, curiosamente, también China, que supongo utilizará la información para su megaproyecto Tokamak. No es de extrañar que sea precisamente China la que lidere esta renovación energética; en unos pocos años, según un informe de la Comisión Global sobre Geopolítica de la Transformación Energética constató que China es el mayor productor, exportador e instalador de paneles solares, turbinas, baterías y vehículos eléctricos del mundo y también es líder en tecnología renovable con el 30 % de las patentes a nivel mundial, muy por encima del resto de países. Y a la vez es el mayor contaminador del mundo, ya que quema el 28 % del combustible del planeta con solo un 18 % de la población mundial, aunque se ha comprometido a alcanzar un 35 % de su energía mediante renovables, para lo que está haciendo multimillonarias inversiones en energías limpias como las fotovoltaicas, así como en la eólica marina, en ese camino hacia el «sol artificial».

»Otro hito importante del que tenemos noticias con frecuencia y que ya vemos próximo el cambio que nos va a suponer son las misiones a Marte, que hasta hace pocos años nos parecían utópicas, pero que día a día las vemos más posibles. Las agencias espaciales están trabajando intensamente en ello, por ejemplo, la NASA tiene abiertos varios proyectos, como es el caso del programa InSight (dentro del programa marco Discovery), que estudiará el interior del planeta para determinar su estructura interna.

»La Agencia Espacial Europea (SEC), también en cooperación con la NASA con su programa ExoMars, investiga sobre la vida en Marte; el Instituto Meteorológico de Finlandia con su misión atmosférica MetNet crea una red de observación del terreno para investigar la estructura atmosférica; la nave espacial robótica rusa Mars-Grunt ha traído muestras del suelo marciano a la Tierra y está investigando y analizando el suelo marciano. Todo ello está en la línea de posibilitar, mediante su conocimiento y tecnologías adecuadas, que sean una realidad las futuras expediciones humanas al planeta Marte.

»Seguro que vemos más próxima la tecnología relacionada con las interfaces cerebro-máquina, por lo que les voy a comentar de forma breve y divulgativa algunos aspectos de estas interfaces: las interfaces se basan en la adquisición de ondas cerebrales y las procesa para que puedan ser interpretadas por un ordenador —u otra máquina— a fin de interactuar con la tecnología mediante nuestro pensamiento. Estas interfaces cerebro-ordenador miden la actividad de las neuronas a fin de procesar sus señales, que puede hacerse mediante dispositivos invasivos, introduciendo un sensor mediante intervención quirúrgica en la superficie del córtex para medir la actividad eléctrica de las neuronas (no muy bien admitida por los riesgos de la intervención y por consideraciones éticas), o no invasivos, en los que la actividad eléctrica se mide en la superficie del cuero cabelludo (electroencefalografía), que es la más frecuente, aunque existen otras como la magnetoencefalografía, la tomografía por emisión de positrones, por resonancia magnética funcional o imagen óptica cercana al infrarrojo.

»Bien, y todo esto, se preguntarán, ¿para qué sirve? Tiene múltiples aplicaciones prácticas, pero vamos a ver algunas en el ámbito médico y en el lúdico. Se investigan numerosas aplicaciones para personas con discapacidad, desde controlar el movimiento de sillas de ruedas; neuroprótesis para posibilitar movimientos de un brazo robot; rehabilitación de personas con problemas neurológicos, hiperactividad, epilepsia, comunicación con personas incluso con parálisis cerebral; rehabilitación con pacientes de ictus; lesiones medulares, o los múltiples robots domésticos, por poner solo unos ejemplos. En el campo lúdico, conocemos cada día más y mejor desarrollados los movimientos de avatares en entornos virtuales *(second life)* o dispositivos como Emotive EPOC, que es capaz de reconocer en el usuario las sensaciones de tensión, aburrimiento, frustración, excitación, etc., y, por supuesto, muchas otras aplicaciones como los importantes avances en la computación cuántica o la búsqueda de alternativas a la resistencia de antibióticos, etc. Estamos en el buen camino, aunque no sabemos cuándo dispondremos de todos estos avances. En ese camino estamos todos.

A los asistentes les encantó la conferencia, que dio lugar a numerosas preguntas sobre muchas de las cuestiones planteadas, si bien es cierto que muchas de ellas estaban más centradas en las últimas investigaciones comentadas por Javier sobre las interfaces cerebro-máquina y que veían posibles de desarrollar en su entorno.

Corolario

Tras los meses pasados en el pueblo, llegó la hora de acabar con el proyecto, y la reunión para conmemorarlo se hizo con toda la emoción, cariño y agradecimiento a su esfuerzo y dedicación a sus empresas, como manifestó el alcalde en la despedida, entregándole la «llave» del pueblo con el nombramiento de hija adoptiva.

María se reincorporó a la jefatura de la División de Innovación del Ministerio de la Empresa enriquecida con las experiencias adquiridas «a pie de obra», que pensaba incorporar a las nuevas actividades de su división de inmediato, creando nuevos equipos de apoyo a las empresas y que fueran colaborando con ellas en las distintas áreas del país.

Inició la reestructuración de la división para aprovechar todo lo aprendido en los últimos meses a fin de hacer una propuesta de modificación estatutaria, de manera que cada día fuera más útil al sector empresarial.

Estaba inmersa en esa actividad cuando le pasaron la llamada del secretario de Estado; descolgó el teléfono con cierta preocupación.

—Hola, María. ¿Qué tal estás? He esperado unos días para que retomaras la actividad en tu división y ahora me gustaría que, por favor, vinieras a mi despacho, porque quiero plantearte algunas cuestiones derivadas del trabajo que hiciste en ese pueblo.

—Por supuesto, cuando me indique.

—¿Te viene bien mañana por la mañana en torno a las 10:00 h?

—Por supuesto, allí estaré.

Naturalmente, faltando unos minutos para la hora prevista, María estaba solicitando ya que avisaran al secretario de Estado de su presencia. Al poco tiempo, una ordenanza la acompañó al despacho.

—Buenos días.

—Hola, María. Pasa y siéntate aquí.

—Gracias.

Se sentó en el sofá de tres plazas del despacho, sentándose el secretario de Estado en una de las butacas próximas al sofá.

—Ud. me dirá.

—En primer lugar, agradecerte y felicitarte por la magnífica labor que has realizado. De hecho, nos ha satisfecho a todos y lo hemos pasado a los Ministerios de Industria y Hacienda para estudiar conjuntamente algunas de las acciones que nos has propuesto en el informe.

—Muchas gracias, ha sido una magnífica experiencia para mí, personal y profesional; me he alegrado mucho de habérselo propuesto.

—Nos gustaría que, aprovechando esa experiencia y las que vais a obtener con los nuevos equipos que estás creando, conformaras un proyecto de cómo verías tú las acciones que podríamos desarrollar en el Ministerio para impulsar una verdadera estrategia de apoyo a la empresa y, más concretamente, a los emprendedores e intraemprendedores.

—Por supuesto, le pasaré un informe al respecto. ¿Para cuándo lo requiere?

—Me gustaría que me lo remitieras cuanto antes, pero en todo caso sería interesante que estuviera para el Consejo de Ministros del próximo mes.

—Por supuesto, procuraré enviárselo cuanto antes.

—Muchas gracias y, de nuevo, felicitaciones por su magnífico trabajo.

—Gracias a Ud. por su confianza. Buenos días.

Regresó María a su despacho como no podía ser de otra manera, con la satisfacción profesional de haber hecho un buen trabajo para el Ministerio y para las empresas con las que había colaborado estos meses.

Y, por supuesto, se puso manos a la obra.

La política del Ministerio de la Empresa, para ella estaba claro: su función era atender a las empresas como lo que son, generadoras de riqueza, algo que desde otros entornos de la política no se veía de la misma manera.

Para ello, debían relanzar la economía, haciéndola más competitiva en aspectos tan importantes como la digitalización, que hará más productiva la economía del país (por supuesto, en sanidad, justicia y educación, pero estas áreas no eran de su competencia), sin ponernos *a priori* límites; mantener el empleo y generar más, y atender a las empresas para que crezcan, abarquen el mercado global e inviertan en el sistema productivo del país. Y hacerlo sin dilación, ya que llegar tarde puede suponer que no lleguemos nunca, aumentando la brecha de competitividad con respecto a otros países de nuestro entorno.

Tendríamos que centrarnos prioritariamente en los sectores que sean más productivos, que generen empleo y tengan un efecto multiplicador, con una política de amplia colaboración pública-privada, que ha demostrado a lo largo de nuestra historia económica muy buenos resultados, siempre que haya seguridad jurídica y una fiscalidad razonable, que compita con países del entorno.

Ahora mismo vamos a adoptar las medidas necesarias para iniciar bien el camino, de esa manera nos resultará más fácil dirigir el medio y largo plazo; para ello tendremos que llegar a un pacto digital, con unas reglas de juego claras y apostar por la tecnología, para evitar desigualdades de oportunidades empresariales.

Hay que afrontar el hecho cierto de que la revolución tecnológica va a destruir empleo, pero nos aseguramos la oportunidad de crear otros muchos, si bien de características y formación diferentes.

Y, por supuesto, tenemos que focalizar nuestra actividad en las pymes, que suponen la mayor parte del empleo en el país y que actualmente no son tan competitivas como el resto de las empresas de la región. Por ello, tenemos que esforzarnos para que se incorporen a la digitalización, lo que les permitirá detectar más posibilidades en el mercado global, reduciendo los costes de intermediación fomentando tecnologías en la nube.

Este uso de la tecnología está siendo uno de los factores fundamentales hacia la debida transición digital, pero debe estar centrada en las personas, que siempre deben tener el derecho sobre el uso de sus datos personales, lo que conlleva una nueva ética en el uso de los datos, con mayor transparencia, control y capacidad de elección.

Estos datos que se entregan en todas las operaciones suponen un valor económico muy importante y que en estos momentos son propiedad de un reducido número de plataformas digitales internacionales, lo que supone que todas ellas tengan una capitalización muy relevante y que está basada en el uso de esos datos.

No tenemos que olvidar el desarrollo de la inteligencia artificial y del *big data*, controlando y respetando convenientemente la seguridad y la protección de las personas, estableciendo criterios de transparencia.

También tendremos que canalizar inversiones en redes de fibra y de 5G dando importancia a lo que denominamos a veces como «humanismo digital», procurando reducir, en el más corto plazo posible, las brechas digitales en todos los territorios del país y de la región, para permitir a todos los ciudadanos una igualdad de acceso al desarrollo y a las tecnologías digitales, lo que sí garantiza eficazmente la igualdad de oportunidades.

Esta sociedad impulsada por la enorme cantidad de datos tendrá que proteger este potencial para mejorar la calidad de vida de las personas, además de generar riqueza. Este aspecto tecnológico genera incertidumbres, lo que nos obliga a gestionarlas con eficacia.

«Tal vez —pensaba María— son demasiados aspectos que pienso son ineludibles y verdaderamente importantes». Por lo que para la propuesta que le había encargado el secretario de Estado habría que concretarlos y resumirlos, además, con un lenguaje político que no resulta nada fácil para un técnico.

Así que, tras releer los informes que había enviado durante los meses de las empresas del polígono industrial, legislación nacional y extranjera al respecto, lo que más se aproximaba a lo que pretendía era la normativa europea y, más concretamente, el Entrepreneurship 2020 Action Plan, de manera que recomendaría como plan de acción en esta área lo que establece esa norma legal europea.

En ella, la Comisión Europea confirma muchos de los temas que hemos visto a lo largo del libro y que ratifican la necesidad de más empresarios para volver a crecer, y con ello generar más empleo; y esto se consigue cambiando en la sociedad el criterio sobre la cultura empresarial y lo enfoca en tres aspectos importantes:

- Formación empresarial encuadrada en los sistemas educativos en todos los niveles desde secundaria.
- Crear un entorno adecuado al emprendimiento facilitando:
    - Acceso a la financiación, añadiendo a los estamentos existentes un mercado europeo destinado a las pymes con microfinanciación, además de revisar su fiscalidad.
    - Apoyo específico en las primeras fases de la creación de la empresa para evitar que, como sucede ahora, más del 50 % de las pymes constituidas fracasen en menos de cinco años.
    - Fomentar la creación de redes de empresas, proveedores y clientes.
    - Impulsar el uso de las tecnologías de la información para que las pymes puedan aprovechar todas las oportunidades que les brinda la era digital en la que estamos.
    - Eliminar las trabas actuales a la transmisión de empresas transfronterizas.
    - Apoyar la ley de segunda oportunidad para emprendedores que hayan fracasado en su anterior intento.
    - Simplificar la carga administrativa.
    - Fomentar el espíritu empresarial en segmentos de

la población poco representados hasta ahora en el empresariado, como son las mujeres, las personas mayores, inmigrantes y los jóvenes.

Con estas premisas, preparó el correspondiente informe, en la seguridad de que, aprovechando el éxito de la experiencia con las empresas que había resuelto, sería aprobado asignándole al proyecto un presupuesto acorde con las necesidades.

Aprovechó la oportunidad para solicitar una subdivisión de emprendedores y pymes que fuera adscrita a su división para poder hacer el seguimiento adecuado, al tiempo que continuaba con la labor emprendida.

Sobre el autor

Jesús María López-Davalillo y López de Torre es autor de libros tales como *Los nuevos emprendedores (e-emprendedores)*, *Empresario, ¡que viene la crisis!* o *El trabajo de buscar trabajo*, entre otros. Conferenciante en varias universidades y escuelas de negocios de diversos países, ha escrito además numerosos artículos de prensa sobre aspectos empresariales en publicaciones de Europa y América.